Aspectos de la novela

E. M. Forster

Aspectos de la novela

Traducción de **Guillermo Lorenzo**

Navona

Primera edición
Enero de 2024

Publicado en Barcelona por Editorial Navona SLU
Navona Editorial es una marca registrada de Suma Llibres SL
Gomis 47, 08023 Barcelona
navonaed.com

Dirección editorial Ernest Folch
Edición Clàudia Raich
Diseño gráfico Alex Velasco y Gerard Joan
Maquetación y corrección Moelmo
Papel tripa Oria Ivory
Tipografías Heldane y Studio Feixen Sans
Distribución en España UDL Libros

ISBN 978-84-19552-75-4
Depósito legal B 16268-2023
Impresión Romanyà Valls
Impreso en España

Título original *Aspects of the Novel*
© The Provost and Scholars of King's College, Cambridge, 1927
Todos los derechos reservados
© de la presente edición: Editorial Navona SLU, 2024
© de la traducción: Guillermo Lorenzo, 1983

Índice

Nota del autor

Estas conferencias (el ciclo de Clark) se dictaron bajo los auspicios del Trinity College, de Cambridge, en la primavera de 1927. Fueron conferencias informales, en tono de charla, y me pareció más conveniente, al presentarlas en forma de libro, no pulir el estilo por temor a que no quedara nada de ellas. Palabras como «yo», «ustedes», «uno», «nosotros», y expresiones como «es curioso que», «por así decirlo», «imagínense» y «desde luego», aparecen consecuentemente en cada página, desanimando con razón al lector más sensible; a este le pedimos recordar que, si estas palabras fueran eliminadas, tal vez otras más distinguidas escaparían también por los huecos resultantes, y que, pues, la novela misma posee a menudo un carácter coloquial, podría acaso ocultar algunos de sus secretos a las más graves y grandiosas corrientes de la crítica literaria, revelándoselas, en cambio, a las aguas estancadas y a los bajíos.

I. Introducción

Este ciclo de conferencias recibe su nombre de William George Clark, *fellow* del Trinity. Gracias a él nos encontramos hoy aquí, y a través de él enfocaremos nuestro tema.

Clark era, me parece, oriundo de Yorkshire. Nació en 1821, asistió a la escuela de Sedbergh y en Shrewsbury, ingresó en Trinity como estudiante en 1840, se hizo *fellow* cuatro años después y convirtió el colegio en su hogar durante casi treinta años. No lo abandonaría hasta que se quebrantó su salud, poco antes de su muerte. Como mejor se le conoce es como especialista en Shakespeare, pero publicó dos libros sobre otros temas que es preciso reseñar aquí. A raíz de un viaje a España en su juventud escribió un relato ameno y vivaz de sus vacaciones al que tituló *Gazpacho*, nombre de cierta sopa fría que probó allí y, al parecer, disfrutó entre los campesinos de Andalucía; pero, en realidad, debió de disfrutar con todo. Ocho años más tarde, como resultado de unas vacaciones en Grecia, publicó un segundo libro: *Peloponnesus*. Esta es obra más grave, menos brillante. Grecia era, a la sazón, un país serio —más que España—, y en aquella época Clark no solo se había ordenado ya de sacerdote, sino que le habían nombrado Orador Público y, sobre todo, le acompañaba el doctor Thompson —entonces director del colegio—, que no era en absoluto el tipo de persona que se apunta a una sopa fría. En consecuencia, los chistes sobre mulas y pulgas son menos frecuentes y, progresivamente, vamos descubriendo los restos de la antigüedad clásica y los lugares de los campos de batalla. Lo que pervive del libro, aparte de su erudición, son los sentimientos que suscita en favor de la campiña griega. Viajó también Clark por Italia y Polonia.

Pero volvamos a su carrera universitaria. Primero con Glover y luego con Aldis Wright (ambos bibliotecarios del Trinity), planifica las líneas maestras del gran «Cambridge Shakespeare», y, ayudado por este último, publica el popular «Globe Shakespeare». Asimismo, recopila gran cantidad de material para una edición de Aristófanes, publica algunos sermones y, en 1869, abandona los hábitos, lo que, por cierto, nos eximirá de ser excesivamente ortodoxos. Como a su amigo y biógrafo Leslie Stephen, como a Henry Sidgwick y como a tantos otros de su generación, no le parecía posible permanecer en el seno de la Iglesia, y nos ha explicado sus razones en un opúsculo: *The Present Dangers of the Church of England*. A raíz de ello, cesó en su cargo de Orador Público, si bien mantuvo el de tutor en la universidad. Murió a la edad de cincuenta y siete años, considerado por todos cuantos le conocieron como un hombre encantador, erudito y honrado. Se habrán dado cuenta enseguida de que es una figura en Cambridge. No en el gran mundo, ni tan siquiera en Oxford, sino un personaje con un espíritu típico de estos claustros que tal vez solo ustedes, que se pasean por ellos ahora, puedan apreciar con justeza: el espíritu de integridad. Por un legado testamentario, su antiguo colegio se ha encargado de que anualmente se dicte un ciclo de conferencias que lleven su nombre y versen «sobre uno o varios períodos de la literatura inglesa posteriores a Chaucer».

Sé que las invocaciones están pasadas de moda, pero he querido hacer esta por dos razones. Primero, para que a lo largo de este curso nos acompañe al menos un poco de la integridad de Clark, y segundo…, para que haga con nosotros la vista gorda. No nos hemos ceñido estrictamente a las condiciones establecidas. «Uno o varios períodos de la literatura inglesa»: por liberal que nos parezca, esta condición —y lo es, en su espíritu— no encaja literalmente con el tema de nuestras conferencias, y dedicaremos una de ellas, la que sirve de introducción, a explicar el porqué. Los argumentos aducidos quizá parezcan triviales, pero nos conducirán a un punto elevado desde donde podremos lanzar nuestro principal ataque.

Precisamos un punto elevado porque la novela constituye una masa formidable y amorfa: no hay una montaña que escalar, ni un Parnaso, ni un Helicón, ni siquiera un Pisgá.[1] Esta zona se distingue claramente por ser una de las más húmedas de la literatura; regada por un centenar de regatos, degenera en ocasiones en terreno pantanoso. No nos sorprende que los poetas, aunque a veces se encuentren en ella accidentalmente, la desprecien. Ni tampoco nos asombra el fastidio que sienten los historiadores cuando, inopinadamente, invade su terreno. Acaso debamos definir, antes que nada, lo que es una novela. Nos ocupará bien poco tiempo. Abel Chevalley, en su pequeño pero brillante manual,[2] nos ofrece una definición, y si un crítico francés no es capaz de definir la novela inglesa, ¿quién podría hacerlo? Para este autor, una novela es «una ficción en prosa de cierta extensión» (*une fiction en prose d'une certaine étendue*). Esto nos basta, aunque tal vez nos atrevamos a añadir que la extensión no debe ser inferior a las cincuenta mil palabras. Cualquier obra de ficción con más de cincuenta mil palabras será considerada una novela en estas conferencias. Pero si la definición les parece poco filosófica, piensen en otra que abarque obras como *The Pilgrim's Progress*, *Marius the Epicurean*, *The Adventures of a Younger Son*, *The Magic Flute*, *A Journal of the Plague Year*, *Zuleika Dobson*,

---

[1] Helicón: montaña de Grecia consagrada a Apolo y a las musas. Según Hesíodo, el Helicón era la patria de las musas. El Pisgá es una cordillera palestina desde cuya cima Yahveh mostró a Moisés la Tierra Prometida. *(N. del T.)*

[2] *Le Roman Anglais de Notre Temps*, Abel Chevalley (Milford, Londres).

Rasselas, Ulysses y *Green Mansions*,[3] o que, en caso contrario, aduzca razones para excluirlas. Cierto es que en nuestra esponjosa región hay zonas que parecen más ficticias que otras: cerca de su mismo centro, en una explanada cubierta de hierba, vemos a la señorita Austen acompañada del personaje de Emma y a Thackeray sosteniendo la figura de Esmond. Pero no tenemos noticia hasta ahora de ninguna observación inteligente que defina esta región en su totalidad. Todo lo que podemos decir de ella es que está delimitada por dos cadenas montañosas que no se elevan abruptamente —las cordilleras de la poesía y de la Historia, una frente a otra obra— y que los límites de su tercer lado están marcados por ese mar que encontraremos al llegar a *Moby Dick*.

Consideremos en primer lugar la condición de que sea «literatura inglesa». Por descontado que interpretamos «inglesa» en el sentido de *escrita en inglés*, no como publicada al sur del Tweed, al este del Atlántico o al norte del ecuador: no hay que hacer caso de los accidentes geográficos; dejemos estos para los políticos. Sin embargo, incluso con esta interpretación, ¿somos tan libres como queremos? Al referirnos a la novela inglesa, ¿podemos hacer caso omiso de la novela escrita en otras lenguas, concretamente en francés y en ruso? Por lo que se refiere a las influencias, podríamos pasarlas por alto, ya

---

[3] A fin de evitar confusiones sobre su procedencia hemos dejado los títulos ingleses y franceses en su lengua original. *(N. del T.)*

que nuestros escritores nunca han sentido demasiado el influjo del Continente. Pero, por razones que explicaré en estas charlas, quiero hablar lo menos posible de influencias. Mi tema será cierto tipo de libros y los aspectos que esos libros han asumido en inglés. ¿Podemos pasar por alto sus aspectos colaterales en el Continente? No del todo. Aquí es preciso afrontar una desagradable y poco patriótica verdad. No hay novelista inglés tan grande como Tolstoi; es decir, no ha habido ninguno que ofreciera un panorama tan completo de la vida humana en sus aspectos tanto domésticos como heroicos. Tampoco ha existido un novelista inglés que haya explorado el alma humana con la hondura de Dostoievsky. Y no hay novelista en ningún país que haya analizado la conciencia moderna con tanto acierto como Marcel Proust. Ante estos notables logros debemos detenernos. La poesía inglesa no tiene rival: destaca por su excelencia, tanto en calidad como en cantidad. Sin embargo, la novela inglesa es menos lograda: no cuenta con lo mejor que se ha escrito hasta ahora, y si negamos esto, se nos podrá tachar de provincianos.

El provincianismo no tiene importancia en un escritor; puede ser incluso la principal fuente de su fuerza; solo un pedante o un tonto tacharía a Defoe de *londonizado* y a Thomas Hardy de *ruralizado*. Sin embargo, el provincianismo en un crítico constituye un grave defecto. Un crítico no tiene derecho a la estrechez de miras, que es prerrogativa frecuente del creador. Tiene que poseer una visión amplia, o si no, no poseerá nada en absoluto. Aunque la novela ejerce los derechos de un objeto creado, la crítica no los posee, y en la ficción inglesa existen demasiados hotelitos que han sido aclamados —en detrimento suyo— como edificios importantes. Tomemos cuatro al azar: *Cranford*, *The Heart of Midlothian*, *Jane Eyre* y *The Ordeal of Richard Feverel*... Por diversas razones, personales y locales, podemos sentirnos apegados a estos cuatro libros. *Cranford* irradia el humor de las ciudades del centro de Inglaterra; *Midlothian* es un puñado de personajes sacados de Edimburgo; *Jane Eyre*, el apasionado sueño de una mujer sensible pero todavía poco cultivada, y *Richard Feverel* rezuma lirismo campestre y vibra a veces con el humor de la época. Pero estas cuatro novelas son hotelitos, no edificios extraordinarios, y las veremos y respetaremos en su justa medida si las situamos por un momento entre las columnas de *Guerra y paz* y las bóvedas de *Los hermanos Karamazov*.

No aludiré a menudo a novelistas extranjeros en estas conferencias, y menos aún voy a jactarme de ser un experto que se ve obligado a no comentarlas, por los límites que se imponen a su investigación. Pero sí quiero, antes de comenzar, dejar constancia de su grandeza; proyectar, por así decirlo, esta sombra preliminar sobre nuestro tema, de tal modo que cuando al final volvamos la vista atrás, tengamos más posibilidades de contemplarlo a su verdadera luz.

Esto es todo por lo que se refiere a la condición de que sea «literatura inglesa». Pasemos ahora a otra condición más importante: el que verse sobre «uno o varios períodos». Esta idea de período o desarrollo temporal, con su consiguiente insistencia en influencias y escuelas, es precisamente lo que confiamos evitar durante nuestra breve indagación, y creo que el autor de *Gazpacho* será indulgente conmigo. A lo largo de estas conferencias será el tiempo nuestro enemigo. No vamos a imaginar a los novelistas ingleses flotando en esa corriente que los arrastrará fuera de nuestra vista si se descuidan, sino sentados todos en la misma sala, en una estancia circular, en una especie de sala de lectura del Museo Británico..., todos escribiendo su novela al mismo tiempo. Mientras trabaja cada uno en su asiento, ninguno piensa: «Yo soy contemporáneo de la reina Victoria», «Yo, de la reina Ana», «Yo soy continuador de la tradición de Trollope», «Yo reacciono contra Aldous Huxley». El hecho de tener una pluma en sus manos resulta mucho más real para ellos. Se hallan medio hipnotizados; de sus plumas van destilando sus penas y sus gozos; están unidos por el acto de crear, y cuando el profesor Oliver Elton afirma que «después de 1847 la novela de pasión no volvería a ser la misma», ninguno de ellos comprende de qué está hablando. Esta es la manera en la que los vemos, imperfecta si se quiere, pero al alcance de nuestras facultades. Nos preservará de un grave peligro: el de la pseudoerudición.

La genuina erudición es uno de los más altos logros que nuestra especie puede alcanzar. Nadie obtiene mayor triunfo que quien elige un tema digno de estudio y se consagra a dominar todos los datos de su disciplina y los más sobresalientes de las materias afines. Entonces se puede permitir lo que le apetezca. Si su tema es la novela, puede, si le place, disertar sobre ella cronológicamente: ha leído todas las novelas importantes de los últimos cuatro siglos, muchas de las poco importantes y dispone, además, de un conocimiento adecuado de cualquier dato colateral que influya en la novela inglesa. Nuestro querido sir Walter Raleigh[4] (que en otro tiempo ocupó este estrado) pertenecía a esta clase de eruditos. Raleigh disponía de tal cúmulo de datos que podía internarse en el terreno de las influencias para adoptar, en su monografía sobre la novela inglesa, ese enfoque por períodos que su indigno sucesor debe eludir. Al erudito, igual que al filósofo, le cabe contemplar el curso del tiempo. No lo observa como una totalidad, sino que ve los hechos y las personas flotando ante sus ojos y sabe descubrir las relaciones que existen entre ellos. Si sus conclusiones resultaran tan valiosas para nosotros como lo fueron para él, hace mucho tiempo que habría civilizado a la raza humana. Ya saben ustedes que no lo ha conseguido. La verdadera erudición es incomunicable; los verdaderos erudi-

---

[4] Sir Walter Raleigh (1861-1922), profesor y ensayista; no sir Walter Ralegh (1552-1618), el famoso filibustero. *(N. del T.)*

tos, raros. Entre el público asistente hay algunos eruditos —formados o en cierne—; solo unos pocos. En este estrado no hay ciertamente ninguno. La mayoría de nosotros somos pseudoeruditos, y quiero comentar nuestra idiosincrasia comprensiva y respetuosamente, pues formamos una clase muy nutrida y bastante poderosa. Encumbrados en la Iglesia y el Estado, administramos la educación del Imperio, otorgamos a la Prensa la distinción que consiente en recibir y somos siempre bien recibidos en las cenas de sociedad.

La pseudoerudición es, en su lado positivo, el homenaje que la ignorancia rinde al conocimiento. Posee también un aspecto económico con el que no hay por qué mostrarse severo. La mayoría de nosotros debe conseguir un empleo antes de los treinta años —o vivir a costa de algún pariente— y muchos trabajos solo se consiguen superando un examen. El pseudoerudito suele salir airoso de estas pruebas (al verdadero erudito no suelen dársele demasiado bien) e, incluso cuando le suspenden, reconoce la supremacía innata de estos exámenes. Son puertas al empleo, tienen potestad para prohibir o bendecir. Una tesis sobre *King Lear* —a diferencia de la obra, bastante ambiciosa, del mismo nombre— puede llevarnos a alguna parte. Puede abrirnos las puertas de la Junta de Gobierno Local. Pero el pseudoerudito no suele confesárselo abiertamente a sí mismo; no anda diciendo: «Eso es lo bueno de saber las cosas: te ayuda a progresar». A menudo, el apremio económico es algo subconsciente, y el aspirante acude a su examen pensando solo que un estudio sobre *King Lear* constituye una experiencia tempestuosa y terrible, pero intensamente real. Sea un cínico o un ingenuo, no se le puede culpar. Mientras que obtener conocimientos esté relacionado con obtener dinero, mientras que ciertos trabajos puedan conseguirse solo mediante oposiciones, tendremos que tomarnos en serio el sistema de exámenes. Si se ideara otra fórmula de acceso al empleo, buena parte de la llamada educación desaparecería, y nadie sería por ello más estúpido.[5]

Sin embargo, en la crítica literaria —mi empleo actual— es donde el pseudoerudito puede resultar más pernicioso, porque imita los métodos de un verdadero erudito sin estar pertrechado para ello. Clasifica los libros antes de haberlos comprendido o leído; ese es su primer delito. Los clasifica cronológicamente: libros escritos antes de 1847, libros escritos después de 1847, libros escritos antes o después de 1848. La novela en el reinado de la reina Ana, la «prenovela», la novela en Ur, la novela del futuro. La clasificación temática es aún más absurda: literatura de posadas, empezando con *Tom Jones*; literatura feminista, inaugurada por *Shirley*; literatura de islas desiertas, desde *Robinson Crusoe* hasta *The Blue Lagoon*; literatura de pícaros —la más aburrida de todas,

---

[5] ... *no one would be a penny the stupider.* El autor hace referencia al dinero jugando con la expresión *I'm not a penny the wiser*, «todavía no me he enterado». *(N. del T.)*

aunque la de carretera le sigue muy de cerca—; la literatura de Sussex (tal vez el condado más querido); libros indecorosos (esfera de la investigación seria, aunque abominable, y solo apta para pseudoeruditos entrados en años); novelas relacionadas con el industrialismo, la aviación, la quiropodia, los elementos... Cito esto último en honor al tratado más asombroso que he leído sobre la novela en muchos años. Llegó a mis manos desde el otro lado del Atlántico y creo que nunca lo olvidaré. El manual en cuestión se titulaba *Materials and Methods of Fiction*, pero nos parece preferible silenciar el nombre del autor. Es un ejemplo de pseudoerudición de primera categoría. Las novelas se clasifican por su fecha de publicación, por su extensión, el lugar donde se desarrollan, el sexo, el punto de vista..., hasta que parece imposible hacer más clasificaciones. Pero al autor todavía le queda una carta en la manga: los elementos atmosféricos. Y para ello encuentra nueve apartados, cada uno de los cuales ilustra con un ejemplo; porque el autor podrá ser cualquier cosa menos superficial. Repasemos su lista. En primer lugar, los elementos pueden ser «decorativos», como en Pierre Loti; «utilitarios», como en *The Mill on the Floss*[6] (si no hay Floss, no hay molino; si no hay molino, no hay familia Tulliver); «ilustrativos», como en *The Egoist*; «planificados en armonía preestablecida», como

---

[6] *El molino del Floss*. El Floss es, evidentemente, un río y los Tulliver, los protagonistas que trabajan en el molino. *(N. del T.)*

en Fiona Macleod; «en contraste emocional» (en *The Master of Ballantrae*); «decisivos en la acción», como ocurre en cierta historia de Kipling en que el héroe se declara a la chica equivocada por culpa de una tormenta de arena; «una influencia dominadora», en *Richard Feverel*; «un personaje por sí mismo», como el Vesubio en *The Last Days of Pompeii*; y, en noveno lugar, «inexistentes», como en un cuento de niños. Nos gustó mucho verle acometer sin miedo la inexistencia. Le confería a todo ello un aspecto sumamente científico y acabado. Pero el autor no se sentía del todo satisfecho, y terminada la clasificación se dijo: «Efectivamente, queda otra cosa, el genio». Si el novelista carece de genio, de nada le sirve saber que existen nueve clases de elementos. Y, animado por esta reflexión, clasificó las novelas por su tono. Existen solo dos: personal e impersonal. Tras aducir ejemplos de ambos, se volvió a quedar pensativo y dijo: «Sí, pero además hay que tener genio, porque, de otro modo, ninguno de los dos tonos servirá».

Esta referencia al genio es también característica del pseudoerudito. Le encanta hablar del genio, porque el sonido de la palabra le exime de descubrir su significado. La literatura está escrita por genios. Los novelistas son genios. Bueno, pues vamos a clasificarlos. Y eso es lo que hace. Todo lo que dice es probablemente exacto; pero inútil. Se mueve alrededor de los libros y no a través de ellos: o bien no los ha leído o no sabe leerlos como es debido. Y los libros hay que leerlos —mal asunto, porque requiere mucho tiempo—; es la única manera de averiguar lo que contienen. Hay algunas tribus salvajes que se los comen, pero la lectura es el único método de asimilación conocido en Occidente. El lector debe sentarse a solas y luchar con el escritor, y esto no lo puede hacer el pseudoerudito. Prefiere relacionar el libro con la historia de su época, con hechos de la vida de su autor, con los sucesos que describe y, sobre todo, con alguna tendencia. En cuanto puede utilizar la palabra «tendencia» se le levanta el ánimo; el de su público se hunde, pero le queda a veces fuerza para sacar el lápiz y tomar nota de alguna idea con el convencimiento de que las tendencias son portátiles.

Por ello, en esta serie de conferencias —bastante deshilvanadas— que tenemos ante nosotros, no podemos examinar la novela por períodos, ni tampoco contemplar el paso del tiempo. Hay otra imagen que se adapta mejor a nuestros fines: la de los distintos novelistas que escriben sus novelas simultáneamente. Proceden de diferentes épocas y categorías; sus temperamentos y objetivos son diversos, pero todos tienen una pluma en la mano y están inmersos en el proceso de la creación. Asomemos la cabeza por encima del hombro y veamos qué escriben. Acaso esto sirva para conjurar ese demonio de la cronología que en este momento es nuestro enemigo y no pocas veces (ya lo veremos la semana que viene) también el de ellos. «¡Qué lucha ancestral e inextinguible es esta que el tiempo libra con los hijos del Hombre!», exclama Herman Melville; y la lucha continúa, no solo en la vida y en la muerte, sino en los recoletos caminos de la creación y la crítica literarias. Evitémosla imaginando que todos los novelistas trabajan juntos en una sala circular. No revelaremos sus nombres hasta que hayamos oído sus palabras, porque un nombre trae consigo asociaciones, fechas y chismes: todo ese instrumental propio del método que estamos rechazando.

Se les ha ordenado que se agrupen por parejas. La primera escribe de este modo:

1) ¡No sé qué hacer! ¡No sé!... ¡Que Dios me perdone, pero soy muy impaciente! Desearía... ¡Pero no sé qué desear sin caer en el pecado! ¡Lo que sí deseo es que Dios tenga compasión de mí! Aquí no puedo ver a nadie... ¡Qué mundo este. ¿Qué hay en él deseable? ¡El bien en que confiamos está tan confusamente mezclado con otras cosas que no sabemos qué desear! Y media humanidad atormentando a la otra media ¡y atormentándose ellos mismos al hacerlo!

2) Es a mí mismo a quien odio... cuando pienso que hay que tomar tanto de las vidas de los demás para ser feliz, y que aun así no lo somos. Lo hacemos para engañarnos a nosotros mismos y ponernos mordaza..., pero en el mejor de los casos solo sirve durante un momento. El despreciable *yo* está siempre ahí, produciéndonos siempre de algún modo una nueva inquietud. El resultado es que nunca supone felicidad, ninguna felicidad, el tomar. Lo único

que se puede hacer con seguridad es dar. Es lo que menos engaña.

Evidentemente tenemos aquí sentados a dos novelistas que contemplan la vida desde casi el mismo punto de vista; sin embargo, el primero es Samuel Richardson, y el segundo —ya le habrán identificado ustedes—, Henry James. Los dos son psicólogos en los que la inquietud puede más que la pasión. Ambos son sensibles al sufrimiento y valoran el altruismo; no llegan a ser trágicos, aunque los dos se aproximan bastante. Una especie de temerosa nobleza —ese es el espíritu que impera en ellos— ¡y qué bien escriben!: no hay una palabra fuera de lugar en el abundante caudal de su obra. Ciento cincuenta años median entre ambos, pero ¿no están íntimamente relacionados en otros aspectos?, ¿no podemos beneficiarnos de su vecindad? Por supuesto que al decir estas palabras oigo a Henry James que empieza a manifestar su respetuoso rechazo... o, más bien, su sorpresa... No, no; ni siquiera su sorpresa, su conciencia de que se le atribuya esa vecindad, y que esta se le impute —para colmo— en relación con un comerciante. Y oigo a Richardson, que con idéntica discreción se pregunta si es posible que un escritor nacido fuera de Inglaterra sea virtuoso. Pero estas son diferencias superficiales e incluso nuevos puntos de contacto. Dejémoslos sentados en armonía y pasemos a nuestra segunda pareja.

1) Todos los preparativos para el funeral se desenvolvieron tranquila y felizmente dirigidos por las hábiles manos de Mrs. Johnson. La víspera de la dolorosa fecha sacó su reserva de satén negro, la escalera de la cocina y una caja de tachuelas, y adornó la casa con festones y cintas negras del mejor gusto posible. Prendió de la aldaba un crespón negro, puso un gran lazo en una esquina del grabado en acero de Garibaldi y recubrió el busto de Gladstone, que había pertenecido al finado, con crespones negros. Dio la vuelta a los dos jarrones decorados con vistas del Tívoli y la bahía de Nápoles —de modo que los luminosos paisajes quedaban ocultos y solo se veía el esmalte azul sin adornos—, y anticipó la largamente meditada adquisición de un mantel para la sala de estar, que sustituyera al que hasta el momento había prestado allí sus servicios —uno de felpa ya raído y cuyas rosas e imágenes estáticas estaban descoloridas— por uno morado. Hizo todo lo que con amoroso cuidado podía hacer para dotar de una decorosa solemnidad a su modesta vivienda.

2) En el aire del salón flotaba suavemente el aroma del pastel, y yo miré en torno buscando la mesa de la merienda; era apenas visible hasta que uno se acostumbraba a la penumbra. Había *plum-cake* cortado en rebanadas, macedonia de naranjas, bocadillos y galletas, y dos jarras que yo conocía bien como adorno pero nunca había visto usar en toda mi vida: una llena de oporto y la otra de jerez. Estando junto a esta mesa advertí la presencia del servil Plumblechook, que, ataviado con una capa negra y varios metros de cinta de sombrero, se atiborraba de comida y, de vez en cuando, hacía movimientos obsequiosos para cap-

tar mi atención. En cuanto lo logró, se llegó a mí —con aliento a jerez y migas— y preguntó con voz sumisa: «¿Me permite, estimado caballero?».

Estos dos funerales no se celebraban el mismo día. Uno es el del padre de Polly (1910), y el otro, el de la señora Gargery en *Great Expectations* (1861). Sin embargo, Wells y Dickens tienen el mismo punto de vista y utilizan incluso los mismos trucos estilísticos (cfr. los dos jarrones y las dos jarras). Ambos son humoristas y autores capaces de imaginar visualmente las situaciones, que logran su efecto inventariando detalles y pasan de una página a otra impacientes. Tienen un espíritu generoso, detestan a los impostores y disfrutan indignándose con ellos; son valiosos reformadores sociales: ni se les ocurre confinar los libros en los estantes de una librería. A veces, la animada superficie de su prosa chirría como un disco rayado; en la factura de la obra se advierte cierta pobreza, y el rostro del novelista se acerca tal vez demasiado al del lector. Dicho de otro modo, ninguno de los dos tiene excesivo buen gusto: el mundo de lo bello se hallaba en gran medida cerrado para Dickens y lo estaba por completo para Wells. Y existen otros paralelismos: por ejemplo, su método de dibujar personajes. Acaso la principal diferencia entre ellos sea la que existe entre las oportunidades de un oscuro niño con genio hace cien años y otro de hace cuarenta años. La diferencia favorece a Wells. Está mejor educado que su predecesor; además, las aportaciones de la ciencia han servido para fortalecer su espíritu y dominar su histeria. Wells refleja una mejora en la sociedad —Dotheboys Hall[7] se ha visto reemplazado por el Politécnico—, pero no muestra cambios en el arte de novelar.

¿Y nuestra tercera pareja?

1) En cuanto a esa señal, no estoy seguro; al fin y al cabo no creo que haya sido hecha por un clavo; es demasiado grande, demasiado redonda. Podría levantarme para mirarla, pero estoy seguro de que no sabría decirlo con certeza; una vez que las cosas están hechas nadie sabe cómo han ocurrido. ¡Santo cielo!, el misterio de la vida; ¡la inexactitud del pensamiento! ¡La ignorancia de la humanidad! Para demostrar lo insignificante que es nuestro control sobre lo que poseemos, lo accidental que es vivir a pesar de toda nuestra civilización, déjenme que enumere algunas de las cosas que se han extraviado en el transcurso de una vida, empezando por lo que parece la pérdida más misteriosa de todas —¿qué gato podría roerlo, qué rata mordisquearlo?—: tres latas azul claro con herramientas para encuadernar libros. Luego, las jaulas de pájaros, los aros de hierro, los patines de acero, el cubo para el carbón estilo reina Ana, el tablero de billar inglés, el organillo...; todo desaparecido, y también joyas. Ópalos y esmeraldas esparcidos junto a las raíces de los tulipanes. ¡Qué

---

[7] Escuela que regenta Mr. Squeers en *Nicholas Nickleby*, de Dickens. *(N. del T.)*

cosa tan estremecedora y lacerante! Lo que me sorprende es tener en este momento alguna prenda puesta, hallarme rodeado de auténticos muebles. Porque, si a algo podemos comparar la vida, sería a vernos lanzados por el túnel del metro a cincuenta millas por hora...

2) Todos los días, durante por lo menos diez años consecutivos, decidía mi padre arreglarlo de una vez, pero el asunto aún sigue sin resolver. Ninguna familia, excepto la nuestra, lo habría aguantado siquiera una hora, y lo que es más asombroso: no había tema en el mundo del que mi padre hablara con tanto entusiasmo como el de los goznes de las puertas. Sin embargo, ellos, sin duda, le consideraban uno de los mayores mentirosos de todos los tiempos: sus palabras y sus actos se hallaban en continua batalla. La puerta del salón no se abría nunca sin que su filosofía o sus principios fueran víctimas de ello; pero tres gotitas de aceite aplicadas con una pluma y un leve martillazo habrían bastado para dejar su honor completamente a salvo.

¡Ah, qué espíritu inconsecuente el del hombre! ¡Sufre agonía por heridas que están en su mano curar! ¡Su vida entera está en contradicción con su saber! La razón, ese precioso don que Dios le otorga (en vez de echar aceite) no le sirve más que para acentuar su susceptibilidad, para multiplicar sus penas y dolores hasta que, apabullado por ellos, se torna más melancólico e infeliz. ¡Pobre y desventurada criatura, obligada a obrar así! ¿No son ya bastantes en esta vida los motivos de desgracia ineludibles para añadir otros tantos voluntariamente a su ya abundante carga de dolor? ¿Por qué luchar contra males que no se pueden evitar y someterse a otros que quedarían desenterrados para siempre del corazón con la décima parte de las molestias que producen?

¡Voto a cuanto es virtuoso y bueno, que si pueden conseguirse tres gotas de aceite y encontrarse un martillo a menos de diez millas de «Shandy Hall», los goznes de la puerta del salón quedarán engrasados en el presente reinado!

Este pasaje pertenece, naturalmente, a *Tristram Shandy*. El anterior era de Virginia Woolf. Tanto ella como Sterne son escritores de imaginación. Parten de un pequeño objeto, se alejan de él revoloteando y vuelven a posarse encima. Conjugan una visión humorística del caos de la vida con un agudo sentido de la belleza. Incluso tienen el mismo tono de voz: una perplejidad un poco premeditada, un anuncio a todos, sin excepción, de que no saben adónde van. Sin duda sus escalas de valores no son las mismas. Sterne es un sentimental, y Virginia Woolf (salvo quizás en su última obra, *To the Lighthouse*), extremadamente reservada. Tampoco sus logros se sitúan en la misma escala. Pero su medio de expresión es parecido; con él obtienen los mismos efectos insólitos: la puerta del salón no se arregla nunca, la señal en la pared resulta ser un caracol; la vida es tan caótica, ¡Dios mío!, la voluntad tan débil, las sensaciones tan tornadizas..., la filosofía... ¡Por Dios!... Vaya, mira aquella señal..., escucha la puerta..., la existencia... es realmente, excesivamente... ¿Qué estábamos diciendo?

¿No parece menos importante la cronología ahora que hemos imaginado a los seis novelistas trabajando? Si la novela progresa, ¿no es probable que lo haga siguiendo pautas diferentes a la Constitución británica o incluso al movimiento sufragista? Y digo esto último porque a lo largo del siglo XIX se habló de una relación íntima entre ese movimiento y la novela en Inglaterra: relación tan íntima que llevó a algunos críticos a pensar erróneamente en una conexión orgánica. Según ellos, a medida que la mujer mejoraba su posición la novela ganaba calidad. Craso error. Un espejo no es mejor porque en él se refleje un brillante espectáculo histórico. Solo es mejor cuando se le da una nueva capa de azogue, cuando adquiere una nueva sensibilidad, y el éxito de la novela radica en su propia sensibilidad, no en lo acertado de su tema. Caerán imperios y se extenderá el derecho a voto, pero a quienes escriben en la sala circular lo que más les importa es el tacto de la pluma que sostienen entre sus dedos. Tal vez decidan escribir una novela sobre la revolución francesa o sobre la rusa, pero a su mente acuden recuerdos, asociaciones de ideas y pasiones que nublan su objetividad, de modo que al final, cuando releen lo que han escrito, parece que ha sido otra persona la que ha tenido la pluma en las manos y ha relegado su tema a un segundo término. Esa «otra persona» es él mismo, sin duda, pero no el que se muestra tan activo en el tiempo y que vive bajo el reinado de Jorge IV o Jorge V. A lo largo de la Historia los escritores han experimentado más o menos los mismos sentimientos cuando escribían. Entran todos en un estado que por conveniencia denominaremos inspiración,[8] con respecto al cual podemos afirmar que la Historia progresa y el Arte permanece inmóvil.

La Historia progresa, el Arte permanece inmóvil; resulta una máxima demasiado tajante —casi un eslogan—, pero aunque tenemos que adoptarla, no lo haremos sin admitir su vulgaridad. Porque solo es cierta a medias.

En primer lugar, nos impide constatar si el espíritu humano cambia de generación en generación; si Thomas Deloney, por ejemplo, que describió con humor las tiendas y tabernas de la época isabelina, se diferencia sustancialmente de su representante actual, que sería alguien del calibre de Neil Lyons o Pett Ridge. Sin embargo, estamos convencidos de que no se diferencia en nada; Deloney era distinto como individuo, pero no esencialmente, no por haber vivido hace cuatrocientos años. Cuatro mil años, catorce mil años, podrían hacernos vacilar, pero cuatrocientos años no son nada en la vida de nuestra especie y no dejan lugar a un cambio mensurable. Así que aquí nuestro eslogan no será un obstáculo real. Podemos corearlo sin rubor.

Resulta ello más grave cuando examinamos el desarrollo de la tradición y se advierte lo que perdemos al no

---

[8] He desarrollado esta teoría de la inspiración en *Anonymity*, breve ensayo que se publicó en Hogarth Press.

poder estudiarlo. Aparte de escuelas, influencias y modas ha habido una técnica en la novela inglesa, y esta no cambia de una generación a otra. La técnica de reírse de los personajes, por ejemplo: fumar no es lo mismo que bailar el *ragtime*; el humorista isabelino elige a su víctima de una manera distinta a como lo hace el moderno, provoca la risa con otros trucos. O la técnica de la fantasía: Virginia Woolf, aunque su propósito y efecto general se asemejan a los de Sterne, se diferencia de él en la ejecución; pertenece a la misma tradición, aunque a una etapa posterior. O la técnica de la conversación: en mis parejas de ejemplos no he podido incluir diálogos porque el uso de «dijo él» y «dijo ella» varía tanto a través de los siglos que llega a caracterizar el contexto, y si bien los hablantes pueden parecer concebidos de manera similar, en un extracto no quedaría reflejado. Pues bien, no cabe examinar cuestiones como estas, y es preciso reconocer que saldremos perdiendo; pero abandonaremos sin lástima el estudio de la evolución de los temas y el progreso de la especie humana. La tradición literaria es una tierra de nadie situada entre la literatura y la Historia, en la que un crítico bien preparado se demora mucho tiempo, enriqueciendo con ello su opinión. Pero nosotros hemos de apartarnos de ella porque no hemos leído lo suficiente. Tenemos que fingir que el estudio evolutivo pertenece a la Historia y que por esta razón lo dejamos a un lado. Debemos rechazar toda relación posible con la cronología.

Permítanme citar aquí, para nuestra tranquilidad, a T. S. Eliot, mi inmediato predecesor en estas conferencias. En la introducción a *The Sacred Wood*, el poeta enumera los deberes del crítico:

> Es parte de la tarea del crítico custodiar la tradición... cuando una buena tradición existe. Es parte de su tarea contemplar la literatura en inmovilidad y verla en su conjunto, lo que significa, ante todo, no contemplarla como consagrada por el tiempo, sino más allá del tiempo...

Lo primero no podemos cumplirlo; lo segundo tenemos la obligación de intentarlo. No podemos ni estudiar ni conservar la tradición. Pero cabe imaginar a los novelistas sentados en una sala y sacarles, en nuestra propia ignorancia, de sus limitaciones de tiempo y espacio. Y opinamos que merece la pena hacerlo, pues si no, no nos hubiéramos aventurado a emprender este curso.

¿Cómo vamos, pues, a acometer la novela, esa esponjosa región, esas ficciones en prosa de cierta extensión que se dilatan de manera tan indeterminada? No lo haremos con un complicado aparato crítico. Los principios y los sistemas pueden convenir a otras formas de arte, pero no son aplicables aquí... o, si se aplican, sus resultados habrían de volver a ser examinados. Más, ¿y quién los podría volver a examinar? Pues bien, nos tememos que sería el corazón humano, sería ese juicio de hombre a hombre del que se recela con justicia en sus formas más crudas. La prueba final de una novela será el cariño que nos inspire; la misma prueba que hacemos a nuestros amigos y a todas esas otras cosas que no podemos definir. El sentimentalismo —un demonio peor que la cronología para algunos— merodeará siempre en un segundo plano diciendo: «Sí, pero me gusta», «sí, pero no me atrae», y todo lo que podemos garantizar es que el sentimentalismo no hablará demasiado alto ni demasiado pronto. El carácter intenso y sofocantemente humano de la novela no se debe eludir; la novela chorrea humanidad; no podemos escapar de la elevación de la inspiración ni de la caída del aguacero, ni podemos mantenerlos al margen de la crítica. Tal vez odiemos lo humano, pero si tratamos de conjurar o purificar la novela de ello, esta se marchitará, quedará un puñado de palabras y poco más.

Hemos elegido la palabra *aspectos* por ser acientífica y vaga, porque nos concede el máximo de libertad y significa al mismo tiempo las diferentes maneras en que nosotros podemos considerar una novela y las diferentes maneras en que un novelista puede considerar su obra. Y los aspectos que hemos escogido para tratar son siete: la historia, la gente, el argumento, la fantasía, la profecía, la forma y el ritmo.

II. La historia[9]

Todos estamos de acuerdo en que el aspecto fundamental de una novela es que cuenta una historia, pero cada cual manifestará su asentimiento con diferentes matices, y nuestras conclusiones subsiguientes estarán en función del tono de voz concreto que empleemos.

Escuchemos tres voces. Si se pregunta a cierto tipo de persona «¿Qué es una novela?», contestará tranquilamente: «Bueno..., pues, no sé..., es una pregunta un poco extraña..., una novela es una novela..., bueno, no sé..., es una especie de historia, ¿no?». Es, sin duda, una persona campechana e imprecisa —probablemente, un conductor de autobús— y no presta a la literatura más atención de la que se merece. Otro sujeto, al que imaginamos en un campo de golf, respondería brusco y agresivo de la siguiente forma: «¿Que qué es una novela? Pues una historia, desde luego. No sirve de nada si no cuenta una histo-

___

[9] Para evitar ambigüedades, escribiremos con minúscula la historia como narración (*story*), y con mayúscula, la Historia como «conjunto de todos los hechos ocurridos en tiempos pasados» (*history*). *(N. del T.)*

ria. Y a mí me gustan las historias. Muy mal gusto por mi parte, sin duda, pero me gustan. Pueden llevarse el arte, la literatura, la música, pero a mí denme una buena historia. ¡Y me gustan las historias como Dios manda!, fíjese bien, y a mi mujer, lo mismo». Un tercer hombre, con voz un poco cansina y apenada, respondería: «Sí..., sí, señor...; la novela cuenta una historia». Respeto y admiro al primer hablante. Detesto y temo al segundo. Y el tercero soy yo mismo: «... Sí, señor, sí...; la novela cuenta una historia». Este es el aspecto fundamental sin el cual no puede existir. Ese es el denominador común a todas las novelas. Mas desearíamos que no fuera así, que fuera algo distinto: melodía o percepción de la verdad, no este elemento vulgar y atávico.

Pues cuanto más miramos la historia en sí (la historia como Dios manda, fíjense bien), cuanto más separamos de ella los brotes más refinados que sustenta, menos encontramos de admirable en ella. Se desarrolla como una espina dorsal o, incluso diríamos, como una solitaria, ya que su comienzo y su fin son arbitrarios. Y es enormemente antigua: se remonta a las épocas neolíticas, tal vez al Paleolítico. El hombre de Neanderthal escuchaba historias, si hemos de juzgar por la forma de su cráneo. Su primitivo público estaba constituido por tipos desgreñados, que, cansados de enfrentarse con mamuts o rinocerontes lanudos, miraban boquiabiertos en torno a una fogata; solo les mantenía despiertos el suspense. ¿Qué ocurriría a continuación? El novelista proseguía su relato con voz monótona, y en cuanto el auditorio adivinaba lo que ocurriría a continuación, se quedaban dormidos o le mataban. Podemos calcular el riesgo que corrían si pensamos en la profesión de Sherezade en tiempos algo posteriores. Si la joven escapó a su destino fue porque supo cómo esgrimir el arma del suspense: el único recurso literario que surte efecto ante tiranos y salvajes. Y aunque era una gran novelista, exquisita en sus descripciones, prudente en sus juicios, ingeniosa para narrar incidentes, avanzada en su moral, elocuente en la caracterización de sus personajes y experta conocedora de tres capitales de Oriente, no recurrió a ninguna de estas dotes al intentar salvar la vida ante su intolerable marido. No eran más que un elemento secundario. Si sobrevivió fue gracias a que se las compuso para que el rey se preguntara siempre qué ocurriría a continuación. Cada vez que veía amanecer se detenía en mitad de una frase, dejándole boquiabierto. «En este momento, Sherezade vio rayar las primeras luces del alba y, discreta, guardó silencio». Esta frasecita sin interés constituye la columna vertebral de *Las mil y una noches*, es la interminable solitaria que las mantiene unidas y que salvó la vida de una princesa de extraordinarias cualidades.

A todos nosotros nos pasa como al marido de Sherezade: queremos saber lo que ocurre después. Esto es universal, y es la razón por la que el hilo conductor de una novela ha de ser una historia. Algunos no queremos saber nada más; no albergamos nada más que una curiosidad primitiva y, en consecuencia, los demás juicios literarios nos resultan grotescos. Podemos ya definir la historia: es una narración de sucesos ordenados en su orden temporal. La comida va después del desayuno, el martes después del lunes, la descomposición después de la muerte, y así sucesivamente. En cuanto tal, la historia solamente puede tener un mérito: el conseguir que el público quiera saber qué ocurre después. A la inversa, solo puede tener un defecto: conseguir que el público no quiera saber lo que ocurre después. Estas son las dos únicas críticas que pueden hacerse a una historia *como Dios manda*. Es el organismo literario más primitivo y más elemental. Sin embargo, es el máximo común divisor de todos esos organismos sumamente complejos que conocemos como novelas.

Cuando aislamos así la historia de otros aspectos más nobles por los que se mueve y la mantenemos en alto con el fórceps como un puro y simple gusano temporal que se retuerce interminable, presenta una apariencia a la vez desagradable y aburrida. Pero tenemos mucho que aprender de ella. Comencemos por examinarla en relación con la vida diaria.

La vida cotidiana está también preñada de sentido del tiempo. Pensamos que unos hechos ocurren antes o después que otros. Este pensamiento está a menudo en nuestra mente, y buena parte de lo que decimos y hacemos se basa en esta suposición. No todo. Al parecer, además del tiempo, existe algo más en la vida, algo que puede apropiadamente llamarse «valor», algo que no se mide en minutos ni en horas, sino en intensidad. Porque, cuando volvemos la vista a nuestra vida pasada, observamos que no se extiende como una llanura, sino que a veces forma pináculos notables, y cuando miramos hacia el futuro, unas veces vemos que se asemeja a una pared, otras a una nube y otras al sol, pero nunca a una tabla cronológica. Ni el recuerdo ni la previsión interesan demasiado al Padre Tiempo. Y todos los soñadores, artistas y amantes, se hallan parcialmente liberados de esta tiranía: el tiempo podrá matarlos, pero no garantizar su atención; en el momento de la verdad, cuando el reloj de la torre se disponga a señalar la hora fatal, es posible que ellos estén mirando hacia otra parte. Así que la vida diaria —sea lo que sea en realidad— se compone en la práctica de dos vidas: una que se mide en tiempo y otra que se mide por valores, y nuestra conducta revela ese doble vasallaje. «Solo estuve con ella cinco minutos —decimos— pero mereció la pena». Ahí tenemos los dos vasallajes en una misma frase. La historia narra la vida en el tiempo, en tanto que la novela —si es buena— se sirve de los mecanismos que examinaremos más adelante y refleja además la vida de acuerdo con sus valores. También ella rinde un doble vasallaje. Pero mientras que en la novela la lealtad al tiempo es un imperativo —ninguna novela puede escribirse sin él—, en la vida cotidiana esta lealtad puede no ser necesaria. No lo sabemos seguro, pero la experiencia de ciertos místicos indica que no es siempre así y que estamos completamente equivocados al suponer que el lunes precede al martes y que la corrupción siga a la muerte. A ustedes o a mí nos cabe siempre negar en la vida cotidiana que el tiempo existe y actuar en consecuencia; incluso aunque nos volvamos incomprensibles y nuestros conciudadanos nos envíen a lo que han dado en llamar manicomios. Para un novelista, en cambio, nunca es posible negar el tiempo en el entramado de su novela: aunque sea de una manera superficial, debe aferrarse al hilo de su historia. Debe tocar por fuerza esa interminable solitaria, so pena de volverse incomprensible, lo que en su caso supondría un patinazo.

No es mi intención filosofar sobre el tiempo. Sería —nos aseguran los expertos— una distracción sumamente peligrosa para un profano; algo mucho más deletéreo que el espacio. Más de un eminente metafísico ha sido destronado por referirse a él incorrectamente. Solo deseo, pues, decir que mientras dicto esta conferencia puedo escuchar el tictac del reloj, o no escucharlo. Mantengo o pierdo el sentido del tiempo, pero en una novela siempre hay un reloj. Emily Brontë trató de esconderlo en *Wuthering Heights*. Sterne, en *Tristram Shandy*, lo puso boca abajo. Marcel Proust, demostrando todavía más ingenio, cambiaba constantemente las agujas, de modo que su protagonista estaba al mismo tiempo ofreciendo una cena a su amante y jugando a la pelota con su niñera en el parque. Todos estos mecanismos son legítimos, mas ninguno de ellos contraviene nuestra tesis: la base de toda novela es una historia, y esa historia consiste en una narración de hechos organizados en una secuencia temporal. (Digamos, de paso, que la historia no es lo mismo que el argumento. Puede servir de base a un argumento, pero este organismo pertenece a una categoría superior y se definirá y discutirá en una próxima conferencia).

¿Quién nos cuenta una historia?

¡Sir Walter Scott, por supuesto!

Scott es un novelista que causará violentas divisiones entre nosotros. A mí, personalmente, no me gusta, y me cuesta comprender su prolongada reputación. La fama de que gozó en su época se entiende fácilmente; hay razones históricas de peso sobre las que hablaríamos si el nuestro fuera un plan cronológico. Pero cuando lo extraemos de la corriente del tiempo y le ponemos a escribir con los demás novelistas en nuestra sala circular, su figura nos impresiona menos. Advertimos que tiene una mente trivial y un estilo pesado. Ignora la sintaxis. No posee ni distanciamiento artístico ni pasión. ¿Cómo puede un escritor que carece de ellos crear personajes que nos conmuevan profundamente? El distanciamiento artístico...; tal vez sea una pedantería pedir tal cosa, pero la pasión... ¡es algo bastante común! Y piénsese cómo esas accidentadas montañas, esas cañadas mil veces excavadas y esas abadías estudiadamente arruinadas están pidiendo pasión a gritos. Pasión. ¡Y cómo nunca se encuentra! Si Scott fuera apasionado sería un gran escritor.

No importarían nada su torpeza ni su artificiosidad. Pero solamente tenía un corazón tibio, sentimientos caballerescos y un afecto intelectual por el campo; lo que no constituye base suficiente para hacer grandes novelas. Y su integridad es peor que no tener ninguna, porque es puramente moral y mercenaria. Satisfacía sus necesidades más elevadas y nunca soñó que existiera otro tipo de lealtad.

Su fama se debe a dos razones. En primer lugar, a que a buena parte de la generación de nuestros padres se les leyó en voz alta cuando eran niños; Scott está entremezclado de recuerdos alegres y entrañables para quienes han pasado unas vacaciones o residido en Escocia. En realidad, a esa gente les gusta por la misma razón que a mí me gusta *The Swiss Family Robinson*. Podría empezar ahora a hablarles sobre esta novela y resultaría una conferencia brillante por las emociones que sentí en mi niñez al leerla. Cuando el cerebro me deje de responder por completo ya no me preocuparé más de la gran literatura. Regresaré a aquella romántica orilla donde «el barco encalló con un golpe aterrador», lanzando a tierra a cuatro semidioses llamados Fritz, Ernest, Jack y el pequeño Frank, acompañados de su padre, su madre y un colchón salvavidas con todos los utensilios necesarios para residir durante diez años en los trópicos. Ese es mi verano eterno, eso es lo que *The Swiss Family Robinson* representa para mí. ¿No será todo lo que sir Walter Scott significa para algunos de ustedes? ¿Es realmente algo más que el recordatorio de una felicidad pasada? Y, hasta que nuestra mente nos empiece a fallar, ¿no será mejor que dejemos todo esto a un lado cuando tratamos de comprender un libro?

En segundo lugar, la fama de Scott se fundamenta en una base legítima. Sabía contar una historia. Poseía esa facultad primitiva de mantener al lector en suspense y jugar con su curiosidad. Parafraseemos *The Antiquary*; no digo que lo analicemos —el análisis es el método equivocado— sino que lo parafraseemos. Entonces veremos la historia desgranarse por sí misma y podremos estudiar sus simples mecanismos:

Capítulo primero

Una espléndida mañana de verano, casi a finales del siglo XVIII, un joven de apariencia distinguida que quería desplazarse al nordeste de Escocia adquirió un billete para uno de esos carruajes públicos que cubren el trayecto entre Edimburgo y Queensfery, lugar donde, como muy bien saben mis lectores del norte de Inglaterra, existe un transbordador para cruzar la ría del Forth.

Esta es la primera frase; no es una frase excitante, pero nos presenta el tiempo, el lugar y un joven: introduce el escenario del narrador. Sentimos un interés moderado por lo que el joven va a hacer a continuación. Se llama Lovel, le envuelve un aura de misterio; es el protagonista —si no, Scott no le hubiera calificado de «distinguido»— y seguramente hará feliz a la heroína. Conoce al anticuario: Jonathan Oldbuck. Se suben en el carruaje —no demasiado deprisa—, se hacen amigos y Lovel acompaña a Oldbuck a su casa. Cerca de allí conocen a un nuevo personaje: Edie Ochiltree. A Scott se le da bien el introducir nuevos personajes. Los desliza con mucha naturalidad y con un aire prometedor. Edie Ochiltree promete bastante. Es un vagabundo, pero no un vagabundo cualquiera; es un pícaro romántico, de fiar. ¿Y cómo no va a ayudar a resolver el misterio que nos dejó atisbar Lovel? Más presentaciones: sir Arthur Wardour (rancia familia, mal administrador); su hija Isabella (altanera), a quien el protagonista ama sin ser correspondido, y la hermana de Oldbuck, miss Grizzel. Esta última es presentada con el mismo aire prometedor, pero, en realidad, no sirve más que para una escena cómica, no lleva a ninguna parte; el narrador prodiga esta clase de bromas. Tampoco tiene por qué insistir constantemente en las relaciones de causa y efecto. El autor se mantiene sin ningún problema dentro de las sencillas fronteras de su arte, aunque diga cosas que no guardan relación con la trama. El lector cree que contribuyen a ella, pero el lector es un ser primitivo, está cansado y olvida con facilidad. A diferencia del creador de argumentos, el cuentista saca provecho de los cabos sueltos. La señorita Grizzel es un pequeño ejemplo de cabo suelto. Un buen ejemplo de ello lo tenemos en otra novela, que se define como breve y trágica: *The Bride of Lammermoor*. Scott presenta al

lord High Keeper con gran pompa e interminables suge-
rencias de que sus defectos de carácter desencadenarán
una tragedia, pero en realidad esta se hubiera producido igual de no haber existido ese personaje; los únicos
ingredientes necesarios son Edgar, Lucy, lady Ashton
y Bucklaw. Bien, volviendo a *The Antiquary*, después
hay una cena. Oldbuck y sir Arthur discuten, este último
se siente ofendido, se marcha con su hija y los dos regresan
caminando por la playa. La marea sube, sir Arthur e Isabella quedan aislados y se encuentran con Edie Ochiltree.
Este es el primer momento grave de la historia, y así es
como lo afronta un narrador *como Dios manda*:

> Mientras intercambiaban estas palabras se detuvieron en
> el saliente rocoso más elevado que podían alcanzar, pues
> parecía que cualquier otro intento de seguir avanzando
> serviría solo para anticipar su negra suerte. Allí, pues, ha-
> bían de aguardar el lento pero inevitable avance del incon-
> tenible fenómeno. Su situación era semejante a la de los
> mártires de la Iglesia primitiva, que, expuestos por los ti-
> ranos paganos a ser devorados por bestias salvajes, eran
> obligados a contemplar por unos momentos la impacien-
> cia y el odio que agitaban a los animales esperando a que
> abrieran sus jaulas y los dejaran abalanzarse sobre sus víc-
> timas.
>
> Sin embargo, incluso este espantoso descanso propor-
> cionó tiempo a Isabella para reunir las facultades de su es-
> píritu, de natural fuerte y valeroso, que se rebelaba ante la
> terrible situación.

—¿Vamos a entregar la vida sin luchar? —dijo ella—. ¿No hay un camino, por arduo que sea, por el que escalar el acantilado o, al menos, llegar a cierta altura por encima de la marea, donde podamos permanecer hasta la mañana o hasta que llegue ayuda? Ellos deben estar al corriente de nuestra situación y levantarán a la gente para que venga a socorrernos.

Así habla la heroína, en un tono que sin duda deja frío al lector. Sin embargo, queremos saber lo que sucede a continuación. Las rocas son de cartón piedra, como las de mi querida *Swiss Family*. Con una mano Scott desencadena la tempestad mientras con la otra escribe deprisa y corriendo sobre los primitivos cristianos; no hay sinceridad, no hay sensación de peligro en todo el asunto; está todo desprovisto de pasión y hecho al desgaire...; aun así queremos saber qué ocurre a continuación.

Naturalmente, Lovel los rescata. Sí, teníamos que haberlo pensado antes. Y luego, ¿qué?

Otro cabo suelto. Lovel es invitado a dormir por el anticuario en una habitación encantada; allí tiene el sueño —o la visión— de un antepasado de su anfitrión que le dice: *Kunst macht Gunst*; palabras que no comprende en ese momento debido a su ignorancia del alemán. Luego sabrá que significan «Con maña se gana el favor»: debe continuar el asedio al corazón de Isabella. Es decir, lo sobrenatural no contribuye en nada a la historia. Es presentado entre tapices y tormentas, pero el único resultado es un lugar común. El lector no lo sabe; cuando lee *Kunst macht Gunst* se despierta su atención...; luego, es desviada hacia el otro asunto y la secuencia temporal continúa.

Merienda campestre en las ruinas de Saint Ruth. Presentación de Dousterswivel, pérfido extranjero que ha embarcado a sir Arthur en un proyecto de minería y cuyas supersticiones son ridiculizadas solo porque no proceden del lado correcto de la frontera. Llegada de Héctor MacIntyre, sobrino del anticuario, que sospecha que Lovel es un impostor. Se baten en duelo; Lovel, creyendo que ha matado a su oponente, escapa con Edie Ochiltree, que ha aparecido como de costumbre. Se esconden en las ruinas de Saint Ruth y allí observan cómo Dousterswivel convence a sir Arthur para ir a buscar un tesoro. Lovel se marcha en barco y le perdemos de vista: ojos que no ven, corazón que no siente. No nos volvemos a preocupar de él hasta que aparece de nuevo. Segunda búsqueda de tesoro en Saint Ruth: sir Arthur encuentra una importante cantidad de plata. Tercera búsqueda de tesoro: Dousterswivel recibe una tunda de palos; cuando vuelve en sí contempla los ritos de inhumación de la anciana condesa de Glenallan, a quien entierran allí en secreto y a medianoche porque la familia es de confesión católica.

Los Glenallan son muy importantes en la historia, y sin embargo, ¡con qué poca solemnidad son presentados! El autor se los endosa a Dousterswivel de la manera menos artística. Dio la casualidad de que andaba por allí, y Scott se puso a mirar por sus ojos. A estas alturas el lector se ha vuelto tan dócil ante esta sucesión de episodios que se limita a mirar boquiabierto, como un verdadero troglodita. Entonces empieza a cobrar interés la trama de los Glenallan, se apagan los focos de las ruinas de Saint Ruth y entramos en lo que puede llamarse la «pre-historia», en la que intervienen dos personajes nuevos que hablan de manera incoherente y oscura sobre un pasado culpable. Son Elspeth Mucklebackit, sibilina pescadora, y lord Glenallan, hijo de la condesa muerta. Su diálogo se ve interrumpido por nuevos acontecimientos: se produce el arresto, juicio y liberación de Edie Ochiltree, muere ahogado otro nuevo personaje y las bromas sobre la convalecencia de Héctor MacIntyre en casa de su tío. Pero el meollo del asunto es que lord Glenallan, muchos años atrás, se había casado, contra la voluntad de su madre, con una tal Evelina Neville, quien, según se da a entender, es su propia hermanastra. Enloquecido de horror, Glenallan la abandonó antes de que diera a luz. Elspeth, que había sido la criada de su madre, le explica ahora que Evelina no era pariente suya, que murió en el parto —ella misma y otra mujer la asistieron— y que el niño desapareció. Lord Glenallan va entonces a consultar al anticuario, quien, como Juez de Paz, debe conocer los acontecimientos de la época; además, había estado también enamorado de Evelina. ¿Y qué pasa luego? Los bienes de sir Arthur Wardour son embargados porque Dousterswivel le ha arruinado. ¿Y luego? Se anuncia que los franceses están desembarcando. ¿Y luego? Lovel vuelve a la región dirigiendo desde su caballo las tropas británicas. Ahora se hace llamar Neville y es comandante; pero tampoco ese es su verdadero nombre, porque Neville no es ni más ni menos que el hijo desaparecido de lord Glenallan: ¡ni más ni menos que el legítimo heredero de un condado! Gracias en parte a Elspeth Mucklebackit, gracias a otra sirvienta compañera suya —a quien encuentra en un convento de monjas en el extranjero—, gracias a un tío que ha fallecido y gracias a Edie Ochiltree se ha desentrañado la verdad. En realidad hay toda clase de razones para explicar el desenlace, pero a Scott no le interesan las razones; las presenta despectivamente, sin molestarse en dilucidarlas; el hacer que una cosa ocurra después de otra es su único objetivo serio. ¿Y luego? Isabella Wardour depone su resistencia y se casa con el protagonista. ¿Y luego? Se acaba la historia. No debemos preguntar «¿Y luego?» demasiado a menudo. Si la secuencia temporal se continúa un segundo más nos llevaría a un país completamente distinto.

The Antiquary es un libro en el que la vida en el tiempo es exaltada de modo instintivo por el novelista, y ello conduce necesariamente al distendimiento de la emoción y la superficialidad del juicio, y en particular a esa estúpida costumbre de utilizar el matrimonio como final. El tiempo puede también ensalzarse de manera consciente, y encontraremos un ejemplo de ello en un tipo de libro muy diferente, un libro memorable: *The Old Wives' Tale*, de Arnold Bennett, donde el tiempo es el verdadero héroe y se instala como amo y señor de la creación; exceptuando, desde luego, al personaje de Mr. Critchlow, orgullosa excepción que solo le confiere una mayor fuerza. Sophia y Constance son las hijas del Tiempo desde el momento en que las vemos retozando con los vestidos de su madre: están condenadas a decaer de una manera tan completa que resulta un caso insólito en la literatura. Son niñas; luego, Sophia escapa y se casa, muere la madre, Constance se casa, muere su marido, muere el marido de Sophia, muere Sophia y muere Constance; el perro, viejo y reumático, se levanta con dificultad para ver si queda algo en el plato. Nuestra vida cotidiana en el tiempo es exactamente esta cuestión de envejecer, que paraliza la circulación en las arterias de Sophia y Constance; y esa historia *como Dios manda*, que era válida y no admitía tonterías, no puede en rigor conducir a ninguna conclusión más que la tumba. Es una conclusión poco satisfactoria. Por supuesto que envejecemos, pero un gran libro debe basarse en algo más sólido que un «por supuesto»; aunque *The Old Wives' Tale* es una obra sólida, sincera y triste, carece de grandeza.

¿Y *Guerra y paz*? Esta obra sí posee grandeza y resalta del mismo modo los efectos del tiempo y el esplendor y la decadencia de una generación. Tolstoi, como Bennett, tiene la valentía de mostrarnos a la gente envejeciendo: el declinar parcial de Nicolai y Natasha es realmente más sobrecogedor que la completa decadencia de Constance y Sophia: con aquel parece que muere más nuestra propia juventud. Entonces, ¿por qué *Guerra y paz* no es deprimente? Tal vez porque se desarrolla en el tiempo y, además, en el espacio, y la sensación espacial nos anima antes que aterrorizarnos y deja tras de sí un efecto semejante a la música. Después de haber leído durante un rato *Guerra y paz* comienzan a escucharse acordes grandiosos y no sabemos a ciencia cierta de dónde proceden. No surgen de la historia, aunque Tolstoi, como Scott, está bastante interesado en lo que ocurre a continuación, y es tan sincero como Bennett. No proceden de los episodios ni tampoco de los personajes. Surgen de las vastas extensiones de Rusia, sobre las que han sido desparramados episodios y personajes; de la suma total de puentes y ríos helados, de bosques, carreteras, jardines y extensiones que cobran grandeza y sonoridad después que los hemos atravesado. Muchos novelistas poseen el sentido local: ahí están Five Towns, Auld Reekie[10] y algunos otros ejemplos; pero muy pocos el sentido del espacio, que es el elemento que destaca entre los que constituyen el divino bagaje de Tolstoi. Es el espacio —no el tiempo— el dueño y señor de *Guerra y paz*.

[10] Tunstall, Burslem, Hanley, Stoke-upon-Trent y Longton son las «Five Towns» donde transcurren varias novelas de Arnold Bennett. «Auld Reekie» es un apelativo cómico con que se designa a Edimburgo. *(N. del T.)*

Digamos, para concluir, unas palabras acerca de la historia como depositaria de una voz. Es ese aspecto de la obra del novelista que exige que sea leída en voz alta, el aspecto que apela al oído y no a la vista, como la mayoría de la prosa; hasta tal punto se relaciona con la oratoria. Pero no ofrece melodía ni cadencia. Para estas, por extraño que parezca, la vista es suficiente. Apoyada por una mente que transmuta las palabras, la vista sabe captar fácilmente los sonidos de un párrafo o de un diálogo cuando poseen un valor estético y remitirlos a nuestro disfrute: sí, puede incluso resumirlos de tal modo que los percibimos más rápido que si nos recitaran el texto; actuamos como esas personas que de una ojeada aprecian una partitura musical más deprisa que si se la interpretan al piano. Pero la vista no tiene la misma rapidez para captar la voz. Esa frase que abre *The Antiquary* no posee belleza musical y, sin embargo, gana cuando se lee en voz alta. Si no lo hacemos, y nuestra mente se comunica con la de Walter Scott en silencio, sacamos menos partido. La historia, además de narrar un hecho tras otro, añade algo por su relación con una voz.

No es mucho lo que añade. No nos ofrece nada tan importante como la personalidad del autor. Su personalidad, cuando la tiene, se comunica por expedientes más nobles, tales como los personajes, el argumento o sus comentarios sobre la vida. Lo que consigue la historia con esta facultad en concreto, todo lo puede conseguir, es transformar a los lectores en oyentes que escuchan una «voz»; la voz del narrador tribal que en cuclillas, en medio de la gruta, narra un hecho tras otro hasta que el público queda dormido entre desechos y huesos. La historia es primitiva, se remonta a los orígenes de la literatura, a un período anterior al descubrimiento de la lectura, y apela a lo que tenemos de primitivo. Por eso somos tan poco razonables cuando hablamos de las historias que nos gustan y por eso estamos dispuestos a ensañarnos con quienes gustan de otras cosas. Por ejemplo, a mí me fastidia que la gente se ría de que me entusiasme *The Swiss Family Robinson*, ¡y espero haberles molestado a algunos de ustedes con lo de Scott! Ya me entienden. Las historias generan un clima de intolerancia. La historia no es moral, ni favorece la comprensión de la novela en sus otros aspectos. Si queremos hacer lo que debemos, hemos de salir de la caverna.

Mas no saldremos aún sin observar antes cómo esa otra vida —la vida por valores— empuja la novela desde todas partes, cómo está lista para llenarla e incluso deformarla, ofreciéndole gentes, argumento, fantasías, visiones del universo, cualquier cosa menos ese constante «y luego...», que es la única contribución de este aspecto a la investigación presente. La vida en el tiempo es tan evidentemente deleznable e inferior que de un modo natural surge esta pregunta: ¿es que el novelista no puede abolirla en su obra como el místico afirma haberla abolido de su experiencia?, ¿no puede sustituirla únicamente por su radiante alternativa?

Existe una novelista que ha intentado lograr la abolición del tiempo, y su fracaso es aleccionador: Gertrude Stein. Yendo mucho más lejos que Emily Brontë, Sterne o Proust, Gertrude Stein destroza y pulveriza el reloj, esparciendo por el mundo los añicos como los miembros de Osiris; y no lo hace por maldad, sino por una causa noble. La autora confiaba en liberar a la novela de la tiranía del tiempo y expresar en ella la vida por sus valores únicamente. Pero fracasa porque, en cuanto la novela se halla por completo liberada del tiempo, no expresa nada en absoluto, y en sus últimas obras podemos ver la pendiente por la que se desliza. La novelista pretende abolir todo ese aspecto de la historia —la secuencia cronológica—, y mis simpatías se apartan de ella. Ahora está al borde del precipicio. No hay nada de ridículo en un experimento como el suyo. Es mucho más importante jugar de esta manera que volver a escribir las novelas de Waverley.[11] Sin embargo, el experimento está abocado al fracaso. La secuencia temporal no puede destruirse sin arrastrar en su caída todo lo que debería haber ocupado su lugar; la novela que expresase únicamente los valores se convierte en algo ininteligible y que, por tanto, carece de valor.

Por eso debo pedirles que repitan conmigo, en el tono de voz preciso y exacto, las palabras con que inicia-

[11] *Waverley*, primera novela de Walter Scott, publicada en 1814. (*N. del T.*)

mos esta conferencia. No las pronuncien de una manera vaga y campechana, como nuestro conductor de autobús: no tienen derecho; no las digan con brusquedad y agresivamente, como un golfista; saben que no deben hacerlo. Si las pronuncian con cierta tristeza habrán encontrado el tono. «Sí..., sí, señor...; la novela cuenta una historia».

III. La gente

Tras habernos referido a la historia —ese aspecto simple y fundamental de la novela—, podemos pasar a tratar un tema más interesante: los actores. Aquí no tenemos por qué preguntar qué ocurrió a continuación, sino a quién le ocurrió; el novelista apelará a nuestra inteligencia y a nuestra imaginación, no a nuestra mera curiosidad. En su voz escuchamos un énfasis nuevo: un énfasis en el valor.

Puesto que los actores de una historia son normalmente humanos, nos ha parecido conveniente englobar este aspecto bajo la denominación de «la gente». Es cierto que se han hecho novelas sobre otros animales, pero con un éxito limitado, pues muy poco es lo que sabemos sobre su psicología. En este sentido puede que en el futuro se produzca —lo más seguro es que así sea— un cambio comparable al que tuvo lugar con la manera en que el novelista de antaño reflejaba a los salvajes. El abismo que se abre entre Viernes y Batouala podrá compararse con el que separe a los lobos de Kipling de sus descendientes literarios de dentro de doscientos años; entonces tendremos animales que no son ni simbólicos, ni hombrecillos disfrazados, ni mesas que mueven las patas, ni papeles de colores que vuelan. Esta es una de las maneras en que la ciencia puede ampliar los horizontes de la novela: proporcionándole un tema nuevo. Pero esta ayuda no existe todavía, y hasta que llegue podemos afirmar que los actores de una historia son, o fingen ser, seres humanos.

Ya que el propio novelista es un ser humano, se da una afinidad entre él y su tema de estudio que no existe en muchas otras formas de arte. El historiador está también ligado a su objeto de estudio, aunque, como veremos, menos íntimamente. El pintor y el escultor no necesitan estar ligados, es decir, no tienen por qué representar seres humanos —a menos que así lo deseen—, como tampoco el poeta, y, por último, el músico no puede representarlos aun si lo desea, a no ser con la ayuda del programa. El novelista, a diferencia de muchos de sus colegas, inventa una serie de masas de palabras que le describen a sí mismo en términos generales (en términos generales: las sutilezas vendrán más tarde), les da un nombre y un sexo, les asigna gestos plausibles y les hace hablar entre guiones y portarse, a veces, de una manera consecuente. Estas masas de palabras son sus personajes. Así pues, no acuden a su mente de una manera fría; pueden ser creados en un estado de excitación delirante; incluso su naturaleza está condicionada por lo que él imagina de la otra gente y de él mismo y se ve además modificado por los demás aspectos de su obra. Este último punto, la relación de los personajes con los otros aspectos de la novela, constituirá el tema de un estudio posterior. De momento, nos interesa su relación con la vida real. ¿En qué se diferencian las personas de una novela de las personas como el novelista, como ustedes, como yo o como la reina Victoria?

Tiene que haber una diferencia: si un personaje de una novela es idéntico a la reina Victoria, entonces es que es la reina Victoria, y la novela, o todo lo que toca el personaje, se convierte en un libro de memorias. Pero este género pertenece a la Historia y se basa en pruebas. Una novela se basa en unas pruebas + o – x, siendo la incógnita el temperamento del novelista, y esta incógnita x siempre modifica el efecto de las pruebas y a veces las transforma por completo.

Al historiador le interesan las acciones; los personajes humanos solamente le interesan en la medida en que pueden deducirse de sus acciones. Le preocupa tanto el personaje como al novelista, pero solo puede conocer su existencia cuando se manifiesta exteriormente. Si la reina Victoria no hubiera dicho «No nos hace gracia», sus vecinos de mesa no hubieran sabido que no le hacía gracia y su aburrimiento nunca habría sido anunciado al público. La soberana pudo haber fruncido el entrecejo; también habrían deducido de ese gesto su estado de ánimo —las miradas y los gestos son también pruebas históricas—; pero si permaneció impasible, ¿qué podría saber nadie? La vida interior es, por definición, interior.

Y la vida interior que se manifiesta en los signos externos deja de ser interior y entra en el reino de la acción. La función del novelista es revelar la vida interior en su origen: decirnos de la reina Victoria más de lo que podíamos haber sabido, produciendo un personaje que no es la histórica reina Victoria.

Ese interesante y sensible crítico francés que escribe bajo el seudónimo de Alain ha hecho, a este respecto, algunas observaciones provechosas, aunque ligeramente fantásticas. A veces parece que pierde pie, pero no tanto como yo en este momento; así que tal vez juntos consigamos acercarnos hasta la orilla. Alain examina las varias formas de actividad estética y, al llegar a la novela (*le roman*), afirma que todo ser humano posee dos facetas, una apropiada para la Historia y otra para la ficción. Todo lo observable en un hombre —es decir, sus acciones y la existencia espiritual que puede deducirse de sus acciones— pertenece al dominio de la Historia. Pero su faceta novelesca o romántica («*sa partie romanesque ou romantique*») abarca «la pura pasión, es decir, los sueños, gozos, penas y autoconfesiones que la educación o la vergüenza le impiden expresar», y el mostrar esta faceta de la naturaleza humana es una de las principales funciones de la novela.

Lo ficticio en una novela no es tanto la historia cuanto el método mediante el cual se convierte en acción, método que nunca se da en la vida cotidiana... La Historia, que concede importancia a las causas externas, está dominada por la idea de fatalidad, mientras que en la novela no hay fatalidad. En ella, todo se funda en la naturaleza humana, y el sentimiento dominante es el de una existencia en la que todo es intencionado, incluso las pasiones y los crímenes, incluso el infortunio.[12]

Tal vez esto no sea más que un circunloquio para decir lo que sabe cualquier escolar inglés: que el historiador recoge datos, en tanto que el novelista debe crear. Aun así, se trata de un circunloquio provechoso, porque pone de relieve la diferencia fundamental que existe entre la gente de la vida cotidiana y la de los libros. En la vida diaria nunca nos entendemos, no existe ni la completa clarividencia ni la sinceridad total. Nos conocemos por aproximación, por signos externos, y estos funcionan bastante bien como base de la sociedad, e incluso para la intimidad. Pero la gente de una novela, si el novelista lo desea, puede ser comprendida del todo por el lector. Su vida interna puede revelarse tanto como su vida externa. Y es por eso por lo que a menudo parece más definida que los personajes de la Historia o incluso que nuestros propios amigos; se nos ha dicho de ellos todo lo que puede decirse; incluso si son imperfectos o irreales

[12] Parafraseado de *Système des Beaux Arts*, págs. 320-321. Me hallo en deuda con André Maurois, que me habló de este interesante ensayo.

no esconden ningún secreto, mientras que nuestros amigos sí lo hacen. Pero tiene que ser así, puesto que el secreto mutuo es una de las condiciones de la vida en este planeta.

Vamos ahora a replantear el problema de una manera más similar a como lo haría un escolar. Tanto ustedes como yo somos personas. ¿No sería mejor que echáramos una ojeada a los hechos fundamentales de nuestras vidas? No a nuestras carreras individuales, sino a nuestra condición de seres humanos. Tendremos así algo definido como punto de partida.

Los principales hechos de la vida humana son cinco: el nacimiento, la comida, el sueño, el amor y la muerte. Podríamos elevar el número —añadir la respiración, por ejemplo—, pero estos cinco son los más evidentes. Estudiemos brevemente el papel que desempeñan en nuestra vida y en la novela. ¿Qué hace el novelista? ¿Tiende a reproducirlos con exactitud o tiende a exagerarlos, a minimizarlos, a ignorarlos y a presentar a sus personajes atravesando vicisitudes que no son las mismas que ustedes y yo atravesamos, aunque llevan el mismo nombre?

Examinemos en primer lugar los dos más desconocidos: el nacimiento y la muerte. Desconocidos porque al mismo tiempo son y no son experiencias. Solo los conocemos por lo que nos cuentan. Todo el mundo nace, pero nadie recuerda cómo. La muerte sobreviene como el nacimiento, pero tampoco sabemos de qué modo. Nuestra experiencia última, al igual que la primera, es conjetural. Nos movemos entre dos oscuridades. Hay quienes pretenden decirnos cómo son el nacimiento y la muerte. Una madre, por ejemplo, tiene su propio punto de vista sobre el nacimiento; un médico o un sacerdote poseen su propio punto de vista sobre las dos cuestiones. Pero siempre desde el exterior, en tanto que los dos entes que podrían servir para esclarecernos este punto —el bebé y el cadáver— no pueden hacerlo porque su sistema para comunicar experiencias no se halla en la misma onda que el nuestro.

Consideremos, pues, que las personas empiezan la vida con una experiencia que olvidan y la terminan con otra que imaginan pero no pueden comprender. Estas son las criaturas que el novelista se propone presentar como personajes de sus libros; estas u otras parecidas que sean plausibles. Al novelista se le permite recordar y comprender todo, si le conviene. Conoce toda la vida oculta. ¿En qué momento después de su nacimiento tomará a los personajes? ¿Hasta qué punto los seguirá antes de la tumba? ¿Qué dirá o hará sentir respecto a estas dos extrañas experiencias?

Luego está la comida, ese proceso de almacenamiento, de mantener viva una llama individual; ese proceso que comienza antes del nacimiento, es continuado luego por la madre y del que finalmente se hace cargo el propio individuo; ese continuar día tras día introduciendo en una cavidad una serie de productos, sin sorprendernos ni aburrirnos. La comida es un nexo entre lo conocido y lo olvidado; está íntimamente unida al nacimiento —que ninguno de nosotros recuerda— y se enlaza con el desayuno de esta mañana. Como el sueño —al que en muchos aspectos se parece—, la comida no solamente restituye nuestra fuerza, sino que tiene también un aspecto estético: puede saber bien o mal. ¿Qué ocurrirá en la literatura con esta mercancía de dos caras?

En cuarto lugar, el sueño. Por regla general, una tercera parte de nuestro tiempo no la pasamos ni en compañía ni en sociedad, ni siquiera en lo que normalmente se entiende por soledad. Nos sumergimos en un mundo del que poco se conoce y que, cuando lo abandonamos, se nos antoja en parte un mundo olvidado, en parte una caricatura de este y, en parte, una revelación. «No he soñado nada», «he soñado con una escalera» o «he soñado con el cielo», decimos al despertar. No vamos a hablar de la naturaleza del sueño o de los sueños; solamente señalaremos que ocupan buena parte del tiempo, y que lo que llamamos «Historia» solo tiene por objeto dos terceras partes del ciclo humano y construye sus teorías a partir de ellas. ¿Adopta la novela una actitud similar?

Y por último, el amor. Empleamos esta popular palabra en su sentido más amplio e insulso. Permítaseme en primer lugar ser muy seco y breve respecto al sexo. Años después de su nacimiento, el ser humano, como otros animales, experimenta ciertos cambios que a menudo conducen a la unión con otro ser humano y a la procreación de nuevos seres. Nuestra raza se perpetúa. El sexo se manifiesta antes de la adolescencia y sobrevive a la esterilidad; en realidad, nos acompaña durante toda nuestra vida, aunque en la edad del apareamiento sus efectos sean más evidentes para la sociedad. Y, aparte del sexo, existen otras emociones que también se prolongan hasta la madurez; son diversas elevaciones del espíritu, como el cariño, la amistad, el patriotismo, el misticismo... Y si intentáramos determinar la relación que guardan con el sexo, nos enzarzaríamos sin duda en una discusión tan violenta como la que· tendríamos al hablar de Walter Scott; quizás aún más violenta. Nos limitaremos a clasificar los diferentes puntos de vista. Unos dicen que el sexo es básico y subyace en todos los amores: el amor a los amigos, el amor a Dios, el amor a la patria. Otros afirman que está relacionado con ellos, pero lateralmente, no en su raíz. Por último, hay quienes mantienen que no está relacionado en absoluto. Así que solo voy a sugerir que llamemos amor a todo este amasijo de emociones y que lo consideremos como la quinta gran experiencia que los seres humanos tienen que pasar. Cuando los seres humanos aman, tratan de conseguir algo. También tratan de dar algo, y este doble objetivo hace al amor un fenómeno más complejo que la comida o el sueño. Es altruista y egoísta al mismo tiempo, y por más que se especialice en un sentido, no llega a atrofiarse del todo por el otro. ¿Qué tiempo ocupa el amor? La pregunta puede parecer vulgar, pero viene al caso en nuestra investigación. El sueño ocupa unas ocho horas de las veinticuatro del día;

la alimentación, otras dos. ¿Podemos atribuir al amor otras dos? Se trata de un cálculo generoso. El amor puede entremezclarse entre otras actividades, del mismo modo que la somnolencia y el hambre. Y puede dar lugar a diversas actividades secundarias; por ejemplo, el amor de un hombre por su familia puede llevarle a permanecer mucho tiempo en la Bolsa; o su amor hacia Dios, a pasar mucho tiempo en la iglesia. Pero pondremos serias objeciones a que mantenga una comunión emocional con ningún objeto amado durante más de dos horas al día, y es esa comunión emocional, ese deseo de dar y de recibir, esa mezcla de generosidad y de espera, la que distingue al amor de otras experiencias de nuestra selección.

Esta es —al menos en parte— la condición humana. Constituido así el propio novelista, toma su pluma en la mano, se introduce en ese estado anormal que se ha dado en llamar «inspiración» y trata de crear personajes. Estos tienen quizá que enfrentarse con otros elementos en la novela —lo que suele ser frecuente, aunque las obras de Henry James son un caso extremo—, y entonces, como es natural, los personajes tienen que modificar su carácter. Sin embargo, el que ahora nos interesa es el caso, más sencillo, del novelista cuya principal pasión son los seres humanos y que sacrificará mucho a su conveniencia: la historia, el argumento, la forma o la belleza incidental.

¿En qué se diferencian los seres que nacen en la novela de los que nacen en la tierra? No podemos generalizar porque no tienen nada en común en el sentido científico; por ejemplo, no necesitan tener glándulas de secreción, en tanto que los seres humanos sí las tienen. Sin embargo, aunque escapan a una definición estricta, tienden a comportarse dentro de las mismas pautas.

En primer lugar, vienen al mundo más como paquetes que como seres humanos. Cuando un niño llega a una novela tiene normalmente el aspecto de haber sido enviado por correo. Es «repartido»; uno de los personajes adultos va a recogerlo y se lo muestra al lector, después de lo cual suele depositarlo en un lugar frío hasta que el niño empieza a hablar o interviene de otra manera en la acción. Hay razones, buenas y malas, que explican este hecho y los demás que se desvían de la práctica habitual en la tierra; lo veremos más adelante. Limitémonos ahora a constatar con qué ligereza se recluta a la población del reino de la novela. Desde Sterne a James Joyce, apenas ningún escritor ha intentado utilizar los hechos del nacimiento ni ha inventado una nueva serie de hechos; tampoco —a no ser de una manera cursi y soñadora— ha intentado retroceder en la psicología del niño para servirse del material literario que por fuerza debe albergar su mente. Acaso no pueda hacerse. Ya lo veremos en su momento.

Y la muerte. El tratamiento que recibe la muerte se basa mucho más en la observación y manifiesta una variedad que indica que el escritor la encuentra apropiada. Le gusta porque la muerte redondea bien los libros y porque —algo menos evidente—, al moverse en el tiempo, le resulta más fácil operar desde lo conocido hacia la oscuridad que desde la oscuridad del nacimiento hacia lo conocido. Cuando sus personajes mueren, él los ha comprendido, y puede ser al mismo tiempo coherente e imaginativo: la combinación más completa. Tomemos como ejemplo una muerte insignificante: la de Mrs. Proudie en *The Last Chronicle of Barset*. Todo es normal y, sin embargo, el efecto es aterrador, porque Trollope nos ha paseado a la señora Proudie por todos los vericuetos de la diócesis, mostrándole lugares, haciéndola gruñir, acostumbrándonos incluso —hasta aburrirnos— a su carácter, a sus mañas y a su «Señor obispo, piense en las almas de la gente». De pronto sufre un ataque al corazón junto a la cama: se terminaron sus paseos, se acabó la señora Proudie. Apenas hay nada que el novelista no pueda tomar prestado de la «muerte cotidiana», y tampoco hay apenas nada que no pueda inventar provechosamente. Las puertas de esas tinieblas se le abren y puede incluso cruzarlas para seguir a sus personajes, siempre que esté provisto de imaginación y no intente venirnos con historias de espiritismo sobre la «vida de ultratumba».

¿Y la comida, ese tercer hecho de nuestra lista? La comida en la novela es principalmente social. Sirve para reunir personajes que rara vez la necesitan fisiológicamente, rara vez la disfrutan y jamás la digieren, a menos que se les pida especialmente. Sienten apetito unos de otros —como nos ocurre en la vida real—; pero ese apetito, igualmente constante, que sentimos antes del desayuno o de la comida no lo vemos reflejado. Incluso la poesía ha sacado mayor partido de ello; cuando menos, en su aspecto estético. Tanto Milton como Keats se han aproximado más que George Meredith a la sensualidad del acto de comer.

El sueño. Un acto mecánico también. Ningún autor intenta describir la inconciencia o el mundo de los sueños. Los sueños que encontramos son lógicos o, si no, mosaicos construidos de duros fragmentos del pasado y el futuro. Se introducen con un propósito que no es la vida del personaje en su conjunto, sino la parte de ella que vive cuando está despierto. Nunca se concibe a aquel como una criatura que pasa un tercio de su vida en la oscuridad. Se utiliza la visión limitada y diurna del historiador, que el novelista elude en otras partes. ¿Por qué no comprende o reconstruye los sueños? Porque, recordemos, tiene derecho a inventar, y sabemos cuándo lo hace, aunque su pasión nos eleve por encima de las improbabilidades. Sin embargo, ni copia el sueño ni lo crea. No hace más que una mezcolanza.

Todos ustedes saben la enorme importancia que el amor tiene en las novelas, y es probable que convengan conmigo en que las ha perjudicado y las ha hecho monótonas. ¿Por qué se ha trasplantado precisamente esta experiencia —especialmente en su variante sexual— en cantidades tan generosas? Cuando pensamos en una novela en abstracto, imaginamos un interés amoroso: se imagina un hombre y una mujer que quieren estar juntos y tal vez lo logran. Pero si pensamos en nuestra vida en abstracto, o en un conjunto de vidas, nos queda una impresión bastante distinta y más compleja.

Parecen existir dos razones por las que el amor, incluso en las buenas novelas, ocupa un lugar tan destacado.

En primer lugar, cuando el novelista pasa de concebir a sus personajes a darles forma, el «amor» —en cualquiera de sus aspectos o en todos— cobra importancia en su mente y, sin pretenderlo, hace a sus personajes excesivamente sensibles a él (excesivamente porque en la vida real no se preocuparían tanto). Esa constante sensibilidad de los personajes entre sí —incluso en escritores que se consideran poco sensibleros, como Fielding— es admirable y no tiene parangón en la vida, excepto entre gentes que gozan de mucho tiempo libre. Existe pasión, intensidad a veces, sí, pero no esa conciencia constante, ese interminable reajuste, ese apetito incesante. Creo que esto último es un reflejo del estado de ánimo del novelista cuando compone, y que la preeminencia del amor en las novelas se debe en parte a ello.

Una segunda razón, que por lógica corresponde a otro ámbito de nuestra investigación, pero debe mencionarse aquí, es que el amor, como la muerte, se adapta al espíritu del novelista porque proporciona un final adecuado a los libros. Puede convertirlos en algo permanente, y sus lectores lo aceptan sin reparo, ya que una de las ilusiones que se atribuyen al amor es su permanencia. No que sea permanente, sino que lo será. Toda la Historia, todas nuestras experiencias, nos enseñan que las relaciones humanas nunca son constantes, que son tan inestables como los seres humanos que las crean y que a ellos les corresponde el equilibrarlas, como malabaristas, si aspiran a que perduren. Porque si son constantes, ya no son relaciones humanas, sino hábitos sociales; lo importante en ellas ha pasado del amor al matrimonio. Todo esto lo sabemos, y aun así nos resistimos a aplicar al futuro nuestra amarga experiencia: el futuro será muy diferente; encontraremos a la persona perfecta o la persona que ya conocemos se volverá perfecta. Nada cambiará, no habrá necesidad de estar ojo avizor. Seremos felices —o desgraciados— por siempre jamás. Toda emoción fuerte lleva consigo la ilusión de la permanencia, y los novelistas han sabido utilizar esto. Normalmente terminan sus libros con una boda, y nosotros no objetamos nada porque les entregamos nuestros sueños.

Debe concluir aquí nuestra comparación del *Homo sapiens* y el *Homo fictus*, esas dos especies afines. El *Homo fictus* es más escurridizo que su pariente. Es una creación de la mente de centenares de novelistas distintos con métodos de creación contrapuestos; así que no cabe generalizar. Sin embargo, podemos decir algunas cosas de él. Nace, por lo general, como un paquete, puede seguir viviendo después de morir, necesita poca comida, poco sueño y está infatigablemente ocupado en relaciones humanas. Y, lo más importante, podemos llegar a saber más de él que de cualquiera de nuestros congéneres, porque su creador y narrador son una misma persona. Si tuviéramos aptitudes para la hipérbole, exclamaríamos: «Si Dios pudiera contar la historia del universo, el universo entero se convertiría en ficción». Tal es el principio que se pone de manifiesto.

Y, tras estas elevadas especulaciones, tomemos un personaje fácil para estudiarlo someramente. Moll Flanders nos servirá. Su figura ocupa por completo el libro que lleva su nombre o, más bien, se yergue solitaria en él, como un árbol en un parque, que podemos contemplar desde cualquier ángulo sin ser molestados por arborescencias que compitan con él. Como Scott, Defoe nos cuenta una historia y, de manera también bastante parecida, deja cabos sueltos por si después le conviene recogerlos; así ocurre, por ejemplo, con la primera camada de niños de Moll. Pero el paralelismo entre Scott y Defoe no puede llevarse demasiado lejos. Lo que interesaba a este último era la heroína, y la forma de su libro es el resultado natural de su personaje. Seducida primero por su hermano menor y casada después con otro mayor, ya desde la primera etapa de su vida —la más brillante— se aficiona a los maridos. Pero no a la prostitución, que detesta con toda la fuerza de un corazón bueno y cariñoso. Ella y la mayoría de los personajes de los bajos fondos que Defoe nos presenta son amables entre ellos, respetan los sentimientos de los demás y corren riesgos por cuestiones de lealtad personal. Su bondad innata está siempre floreciente a pesar del mejor juicio del autor. La razón evidente es que el propio Defoe tuvo grandes experiencias cuando estuvo encarcelado en Newgate. No sabemos cuáles. Probablemente ni siquiera él mismo se acordó después, pues era un ajetreado periodista y un hábil político. Pero algo debió de ocurrirle en la cárcel, y como resultado de esta emoción vaga y poderosa, nacerán Moll y Roxana. Moll es un personaje de carne y hueso, de miembros fuertes y rollizos que lo mismo se meten en la cama que en un bolsillo ajeno. Aunque la protagonista no concede importancia a su apariencia, nos conmueve por su estatura y su peso; respira, come y hace muchas de las cosas que normalmente echamos en falta. Los maridos fueron su primer empleo: se entregó a la trigamia —cuando no a la cuadrigamia—, y uno de esos maridos resultó ser su hermano. Fue feliz con todos; todos fueron buenos con ella, y ella lo fue con ellos. Escuchen cómo describe la simpática excursión a que le invita su marido el pañero:

—Venid, querida; vamos a pasar una semana en el campo —me dijo un día.

—Bien, querido —exclamé yo—. ¿Adónde iremos?

—Me da lo mismo —dijo él—, pero tengo la intención de que durante una semana seamos gente de calidad. Iremos a Oxford.

73

—¿Cómo iremos? —pregunté—. Yo no sé montar a caballo y está demasiado lejos para ir en coche.

—¡Demasiado lejos! —replicó—. No hay un lugar demasiado lejos para un coche con un tiro de seis caballos. Si os llevo de viaje, viajaréis como una duquesa.

—¡Bah, querido, eso es una tontería! —dije—. Pero si tenéis esa intención, a mí no me importa.

Fijamos la fecha, alquilamos un coche de lujo, buenos caballos, un postillón y dos lacayos con librea, un caballero montado y sobre otro caballo un paje con una pluma en el sombrero. Todos los criados lo llamaban a él milord y a mí me llamaban su excelencia la señora condesa. De esta forma viajamos hasta Oxford, y tuvimos un viaje muy agradable, porque, debo hacerle justicia, ningún mendigo en el mundo hubiera sabido fingirse noble tan bien como mi esposo. Vimos todas las curiosidades de Oxford, hablamos con dos o tres directores de colegios sobre mandar a la universidad a un sobrino nuestro que estaba al cargo de milord y del cual éramos tutores. Nos divertimos burlándonos de unos pobres escolares dándoles esperanzas de ser, por lo menos, capellanes de milord y llevar una banda, y habiendo vivido de verdad como gente de calidad con el gasto que a ello corresponde, nos fuimos a Northampton. En suma, después de una correría de doce días, volvimos a casa, habiendo gastado noventa y tres libras.[13]

[13] Traducción de Pedro Barreto. *(N. del T.)*

Comparémoslo con la escena del marido de Lancashire, a quien amaba profundamente. Este es bandolero, y, como ella, ha fingido ser rico para obligarla a casarse, pero después de la ceremonia se desenmascaran mutuamente. Si Defoe estuviese escribiendo mecánicamente, los pondría a regañarse el uno al otro, como hacen el señor y la señora Lammle en *Our Mutual Friend*. Pero el autor se deja llevar por el humor y el sentido común de su heroína.

—Verdaderamente —le aseguré—, creo que no hubieras tardado en conquistarme, y me causa una viva aflicción no encontrarme en condiciones de hacerte ver lo fácilmente que me hubiera reconciliado contigo y decirte que te perdonaba el engaño de que me habías hecho víctima en gracia a tu simpatía. Pero, querido, ¿qué es lo que podemos hacer ahora? Los dos estamos hundidos; así que, ¿qué otra cosa mejor podemos hacer que reconciliarnos en vista de que no tenemos con qué vivir?

Hicimos muchos proyectos, pero todos irrealizables, puesto que no teníamos nada para empezar. Por último, me pidió que no habláramos más de ello porque le daba una pena enorme. Así pues, nos dedicamos a hablar un rato de otras cosas, hasta que finalmente nos entregamos al sueño.

Lo cual hace más justicia a la vida cotidiana y, al mismo tiempo, resulta más agradable de leer que Dickens. La pareja se enfrenta con hechos, no con la teoría moral del autor, y, siendo como son dos pícaros sensatos y bien intencionados, no arman ningún escándalo. En la última parte de su carrera, Moll deja lo de los maridos para dedicarse a robar; piensa que esto es ir a peor, y sobre la escena se proyecta una oscuridad natural. Pero Moll se mantiene tan segura y graciosa como siempre. ¡Qué atinadas son sus reflexiones cuando roba una cadena de oro a una niñita que vuelve de su clase de danza! El hecho ocurre en ese pequeño callejón que conduce a Saint-Bartholomew, en Smithfield (lugar que aún se puede visitar; en Londres nos encontramos a Defoe por todas partes), y su primer impulso es matar además a la niña. No lo hace porque el impulso es muy débil, pero, consciente del riesgo que ha corrido la criatura, se indigna con sus padres «por dejar volver sola a casa a la pobre criatura; así escarmentarán y se andarán con más cuidado otra vez». ¡Habría que ver lo pesado y cursi que se pondría un psicólogo moderno para explicar esta idea! Pero surge así, sin más, de la pluma de Defoe, y lo mismo ocurre en otro capítulo en que Moll ha engañado a su marido y le confiesa simpáticamente lo que ha hecho, con lo que gana aún más su afecto y no puede soportar engañarle nunca más. Cualquier cosa que hace nos produce una ligera sacudida, no la de sentirse desilusionado, sino la emoción que despierta un ser vivo. Nos reímos de ella, pero sin malicia ni superioridad. Porque no es ni hipócrita ni tonta.

Hacia el final del libro es sorprendida en una pañería por dos jóvenes dependientas: «Les habría respondido con buenas palabras, pero no hubo lugar: dos dragones vomitando fuego no hubieran estado más furiosos». Llaman a la policía y es detenida y sentenciada a muerte; luego le conmutan la pena y es deportada a Virginia. Los nubarrones del infortunio se despejan con una rapidez inmoral. El viaje resulta muy agradable debido a la amabilidad de la anciana que le había enseñado originalmente a robar. Y (todavía mejor) su marido de Lancashire resulta ir deportado en el mismo barco. Arriban a Virginia, y allí, para desesperación de Moll, resulta estar instalado su hermano-marido. Moll no dice nada, y cuando muere, el marido de Lancashire simplemente la culpará por habérselo ocultado. No tiene ninguna otra queja por la sencilla razón de que tanto él como ella siguen enamorados. El libro acaba, pues, felizmente, y la voz de la heroína suena con la misma firmeza que en la frase inicial: «... decidimos pasar los años que nos quedaban en sincera penitencia por las malvadas vidas que habíamos llevado».

Su arrepentimiento es sincero, y solo un juez negligente la condenaría por hipócrita. Una naturaleza como la suya no sabe distinguir durante mucho tiempo entre hacer el mal y ser descubierta: en una o dos frases logra separar las dos ideas, pero ellas se empeñan en mezclarse, y es por eso por lo que su aspecto es tan barriobajero, *londonizado* y natural, con su «ansí es la vida» por filosofía y la cárcel de Newgate por infierno. Si a ella o a Defoe les obligáramos a que nos respondieran: «Bueno, hablando en serio, ¿creen ustedes en lo infinito?», con las palabras de sus descendientes modernos nos dirían: «Por supuesto que creo en lo infinito... ¿Por quién me toma?»; confesión de fe que cierra la puerta a lo infinito con más fuerza que cualquier negativa.

Por tanto, *Moll Flanders* será nuestro ejemplo de novela en que el personaje lo es todo y dispone de la máxima libertad. Defoe emprende un tímido conato de argumento centrado en el hermano-marido, pero de modo bastante superficial, y su legítimo esposo (el que la lleva de excursión a Oxford) desaparece sin más y no se vuelve a oír hablar de él. Lo único que importa es la heroína. Como un árbol, se yergue en un espacio abierto y, habiendo dicho que parece absolutamente real desde todo punto de vista, hay que preguntarse si seríamos capaces de reconocerla si nos la encontráramos en la vida diaria. Pues esa es la cuestión que estamos todavía considerando: la diferencia existente entre las personas en la vida cotidiana y las de los libros. Y lo extraño del asunto es que, incluso si elegimos un personaje tan natural y tan poco teórico como Moll, que coincide con los de la vida diaria en todos sus detalles, no lo encontraremos del todo en ella. Supongamos que, de repente, abandonara mi tono de conferenciante y les dijera a ustedes: «Atención, veo a Moll entre el público... Oiga, cuidado, ha estado a punto de quitarle el reloj...». Ustedes sabrían inmediatamente que no es verdad; estaría pecando no solo contra el cálculo de probabilidades —lo que carece de importancia—, sino contra la vida cotidiana, contra los libros y el espacio que los separa. Si dijera: «Cuidado, hay una mujer que se parece a Moll entre el público», podrían no creerme, pero no les molestaría mi estúpida falta de gusto: estaría solamente pecando contra el cálculo de probabilidades. Sugerir que Moll vive en Cambridge o en alguna parte de Inglaterra —o que haya siquiera vivido en alguna parte del país— es una idiotez. ¿Por qué? Esta cuestión, en concreto, será fácil de responder la próxima semana, cuando tratemos con novelas más complejas en las que el personaje tiene que encajar con otros aspectos del libro. Entonces podremos dar la respuesta de rigor, que encontramos en todos los manuales de literatura, y que debe darse siempre en un examen; la respuesta estética: una novela es una obra de arte que se rige por sus propias leyes; leyes que no son las mismas de la vida real. El personaje de una novela es real cuando vive con arreglo a esas leyes. Amelia o Emma no pueden estar en esta conferencia porque únicamente existen en los libros que llevan su nombre; solo existen en el mundo de Fielding o de Jane Austen. La barrera del arte las separa de nosotros. Son reales, no por parecerse a nosotros —lo que puede ocurrir—, sino por ser convincentes.

Es una buena respuesta y nos llevará a sanas conclusiones. Sin embargo, para una novela como *Moll Flanders*, donde el personaje lo es todo y puede obrar a sus anchas, no resulta satisfactoria. Necesitamos una respuesta menos estética y más psicológica. ¿Por qué no es posible que Moll esté aquí? ¿Qué es lo que la separa de nosotros? Nuestra respuesta venía ya implícita en la cita de Alain: no puede estar aquí porque pertenece a un mundo en el que la vida secreta es visible, a un mundo que ni es nuestro ni puede serlo, a un mundo en que creador y narrador son una misma persona. Y ahora podemos ya dar una definición que nos permita saber cuándo el personaje de un libro es real: lo es cuando el novelista lo sabe todo acerca de él. Puede que opte por no decirnos todo lo que sabe: muchos de los hechos, incluso los que llamaríamos evidentes, pueden ocultarse. Pero transmitirá la sensación de que, aunque el personaje no se explica, es explicable, y con ello se crea un cierto tipo de realidad nueva y que nunca podremos encontrar en la vida cotidiana.

Porque las relaciones humanas, cuando las contemplamos en sí mismas y no como adorno social, vemos que están dominadas por un espectro: excepto de una manera precaria, no nos entendemos entre nosotros, no sabemos revelar nuestro interior, ni siquiera cuando lo deseamos; lo que llamamos intimidad no es más que algo improvisado; el conocimiento perfecto es una ilusión. Pero en la novela podemos conocer a las personas perfectamente y, aparte del placer normal que proporciona la lectura, podemos encontrar una compensación de lo oscuras que son en la vida real. En este sentido, la ficción es más verdad que la Historia, porque va más allá de lo visible, y cada uno de nosotros sabe por propia experiencia que existe algo más allá de lo visible; incluso si el novelista no lo consigue del todo, bueno..., por lo menos lo ha intentado. Que envíe a los personajes como paquetes, que les haga pasar sin comer ni dormir, que estén enamorados, más enamorados y nada más que enamorados; pero que siempre parezca saberlo todo acerca de ellos, que sean siempre sus creaciones. Por eso Moll Flanders no puede estar aquí; esa es una de las razones por las que Amelia y Emma no pueden estar aquí. Son gente cuya vida secreta es visible o puede serlo, mientras que nuestras vidas secretas son invisibles.

Y es por eso por lo que las novelas, incluso cuando tratan de seres malvados, pueden servirnos de alivio: nos hablan de una especie humana más comprensible y, por tanto, más manejable; nos ofrecen una ilusión de perspicacia y de poder.

IV. La gente *(continuación)*

Pasemos ahora del trasplante a la aclimatación. Hemos hablado sobre si la gente podía ser sacada de la vida y llevada a un libro y, a la inversa, si los personajes podían salir de un libro y sentarse en esta sala. La respuesta resultante era negativa y nos abocaba a una cuestión más vital: ¿podemos, en la vida cotidiana, entendernos entre nosotros? Hoy, los problemas que nos ocupan son más académicos y versan sobre el personaje en relación con otros aspectos de la novela: el argumento, la moral, los demás personajes y el ambiente. Y tendrán que adaptarse también a otras exigencias de su creador.

De ello se desprende que ya no cabe esperar que coincidan del todo con la vida cotidiana, sino únicamente que corran parejos a ella. Cuando decimos que un personaje de Jane Austen —por ejemplo, la señorita Bates— es «como la vida misma», lo que queremos decir es que cada partícula de ella coincide con una partícula de la vida, aunque ella en conjunto solamente se asemeje a esa solterona parlanchina que encontramos a la hora del té. La señorita Bates está atada a Highbury por un centenar de lazos. No podemos sacarla de allí sin traer con ella a su madre, a Jane Fairfax, a Frank Churchill y a todo Box Hill. En cambio, sí podríamos arrancar a Moll Flanders de su libro; por lo menos, con fines experimentales. Porque una novela de Jane Austen es más complicada que una de Defoe; los personajes son interdependientes, y además existe la complicación de la trama. Aunque el argumento de *Emma* no es nada especial y la señorita Bates contribuye poco, está presente, se relaciona con los principales personajes, y el resultado final es un tupido entramado del que nada puede sacarse. La señorita Bates y la propia Emma son como los arbustos de un seto —no árboles aislados, como Moll—, y quien haya tratado de entresacar un seto, sabe el aspecto tan lamentable que tiene el arbusto que se trasplanta a otra parte y el aspecto, no menos lamentable, de los que quedan en el seto. En la mayoría de los libros, los personajes no pueden crecer libremente. Se ven obligados a limitarse entre sí.

El novelista, como empezamos a ver, tiene a su disposición un conjunto muy variado de ingredientes. Tiene la historia en sí, con su sucesión temporal de «y luego..., y luego...», y podría contar la historia de unos bolos y resultaría una historia estrepitosamente buena; pero no, prefiere contar una historia sobre seres humanos y elige la vida en sus valores, así como la vida en el tiempo. Los personajes acuden cuando se les evoca, pero están llenos de espíritu rebelde. Dado que se parecen bastante a personas como ustedes o como yo, tratan de vivir sus propias vidas y, por consiguiente, se suman a menudo a la traición contra el plan fundamental del libro. «Escapan», «se van de las manos», son creaciones dentro de una creación y con frecuencia no guardan armonía con respecto a ella; si se les concede una libertad completa, terminan por destrozar el libro a puntapiés, y si se les conduce con demasiada severidad, se vengan muriéndose y destruyéndolo por descomposición interna.

Estas dificultades acosan también al dramaturgo, que tiene que enfrentarse además con otros elementos: los actores y las actrices. Unas veces parecen ponerse del lado de los personajes que representan, otras veces del lado de la obra de teatro en su conjunto y, más a menudo, parecen enemigos mortales de ambos. El peso que tienen es incalculable, y no comprendemos cómo una obra de arte puede sobrevivir a su presencia. Cuando nos referimos a una forma de arte inferior, no tiene por qué preocuparnos; pero, por cierto, ¿no es extraordinario que haya obras que sean mejores en el escenario que en el despacho? ¿Que la irrupción de un puñado de hombres y mujeres, bastante ambiciosos y asustados, añada algo a nuestra comprensión de Shakespeare o Chéjov?

No; son bastantes ya las dificultades que afronta el novelista, y hoy examinaremos dos de los artificios que emplea para resolverlas: son mecanismos instintivos, pues los métodos que utiliza al crear su obra rara vez son los mismos de que nos servimos para examinarla. El primer mecanismo es la utilización de diferentes tipos de personajes. El segundo se relaciona con el punto de vista.

I

Podemos dividir a los personajes en planos y redondos.[14]

Los personajes planos se llamaban «humores» en el siglo XVII; unas veces se les llama estereotipos, y otras, caricaturas. En su forma más pura se construyen en torno a una sola idea o cualidad; cuando predomina más de un factor en ellos, atisbamos el comienzo de una curva que sugiere el círculo. El personaje verdaderamente plano puede expresarse en frases como «Jamás abandonaré al señor Micawber». Es lo que dice la señora Micawber: promete que no lo abandonará y lo cumple; ahí la tenemos. O bien: «He de ocultar, mediante subterfugios si es preciso, la pobreza de la casa del señor». Ahí tenemos a Caleb Balderstone en *The Bride of Lammermoor*. El personaje no llega a pronunciar esta frase, pero la describe completamente. No tiene existencia fuera de ella, ni placeres, ni ninguno de los secretos apetitos o penas que de-

[14] *Flat and round. Flat*, aplicado a una persona, significa además «aburrido», «monótono», «soso». *Round*, en algunos contextos, se podría traducir por *completo*, y en ocasiones, *franco*. A veces hemos traducido estos términos por «bidimensional» y «tridimensional». *(N. del T.)*

ben complicar seriamente a los criados más consecuentes. Haga lo que haga, vaya donde vaya, diga las mentiras que diga, rompa los platos que rompa, lo hace para ocultar la pobreza de la casa de su señor. No es su *idée fixe*, porque no hay nada en él donde pueda adherirse una idea; la idea es él mismo, y la vida que le anima irradia de sus ángulos y de las centellas que saltan cuando choca con otros elementos de la novela. O tomemos a Proust. Hay numerosos personajes planos en Proust, tales como la princesa de Parma o Legrandin. Cada uno de ellos podemos expresarlo con una sola frase; la de la princesa sería: «Debo poner especial cuidado en ser amable». No tiene que poner especial cuidado en nada más. Y aquellos otros personajes que son más complejos que ella ven fácilmente a través de la amabilidad, ya que esta es solamente un producto secundario de su cuidado.

Una de las grandes ventajas de los personajes planos es que se les reconoce fácilmente cuando quiera que aparecen. Son reconocidos por el ojo emocional del lector, no por el ojo visual que meramente toma nota de la recurrencia de un nombre propio. En las novelas rusas, en las que muy pocas veces los encontramos, servirían de ayuda inestimable. Para un autor es una ventaja el poder dar un golpe con todas sus fuerzas, y los personajes planos resultan muy útiles, ya que nunca necesitan ser introducidos, nunca escapan, no es necesario observar su desarrollo y están provistos de su propio ambiente: son pequeños discos luminosos de un tamaño preestablecido que se empujan de un lado a otro como fichas en el vacío o entre las estrellas; resultan sumamente cómodos.

Una segunda ventaja para el lector es que son fáciles de recordar después. Permanecen inalterables en su mente porque las circunstancias no los cambian; se deslizan inconmovibles a través de estas y ello les confiere en retrospectiva un carácter tranquilizador y los mantiene cuando el libro que los sustenta parece decaer. La condesa de *Evan Harrington* representa un pequeño ejemplo muy apropiado. Comparemos nuestro recuerdo de ella con el que tenemos de Becky Sharp. No nos acordamos de lo que la condesa hizo ni de lo que sufrió. Lo que posee nitidez es su figura y la fórmula que la rodea, a saber: «Orgullosos como estamos de nuestro querido padre, hemos de ocultar su recuerdo». Todo su rico humor se basa en esto, es un personaje plano. El de Becky es redondo. También ella intenta prosperar, pero no la podemos resumir en una sola frase, y la recordamos en relación con las grandes vicisitudes que ha pasado y modificada por esas escenas: es decir, no la recordamos fácilmente porque, como un ser humano, crece, mengua y posee distintas facetas. Todos nosotros, incluso los más complicados, ansiamos la permanencia, y para los menos complicados la permanencia es la principal excusa de una obra de arte. Todos queremos que los libros duren, que sean refugios y que sus habitantes siempre sean los mismos, y los personajes planos se justifican en este sentido.

Sin embargo, los críticos que juzgan con severidad la vida cotidiana —como nosotros hicimos la semana pasada— tienen muy poca paciencia con tales representaciones de la naturaleza humana. La reina Victoria, afirman, no puede resumirse en una sola frase; así que, ¿qué excusa queda para la señora Micawber? Uno de nuestros escritores más destacados, Norman Douglas, pertenece a esta clase de críticos, y en el párrafo que vamos a citar presenta argumentos de peso contra los personajes planos. El pasaje forma parte de una carta abierta a D. H. Lawrence, a quien se enfrenta en abierta polémica; son dos valerosos combatientes, y la violencia de sus golpes nos hace sentirnos como un grupo de señoras en la tribuna. Douglas se queja de que Lawrence, en una biografía sobre un amigo común, ha falseado su imagen empleando «el toque del novelista», y prosigue definiendo lo que esto significa:

Consiste, diría yo, en una incapacidad para advertir las profundidades y complejidades de la mente humana común; para sus fines literarios, el autor selecciona dos o tres facetas de un hombre o una mujer —generalmente, las facetas más espectaculares y, por consiguiente, más «útiles» de su personaje— y desprecia todas las demás. Todo lo que no encaja con estos rasgos especialmente elegidos se elimina; debe eliminarse, porque de otra manera la descripción no resultaría coherente. Tales y cuales son los hechos. Todo lo que no sea compatible con ellos hay que arrojarlo por la borda. De esto se sigue que el toque del novelista parte, a menudo lógicamente, de una premisa falsa; elige lo que le gusta y prescinde de lo demás. Los hechos pueden ser ciertos en la manera en que están reflejados, pero hay muy pocos; lo que el autor dice puede ser cierto y, sin embargo, no es en absoluto la verdad. Ese es el toque del novelista. Falsea la vida.

Bien; el toque del novelista, según esta definición, es, desde luego, negativo en la biografía, pues los seres humanos no son simples. Pero en la ficción no está de más: una novela que sea medianamente compleja suele exigir tanto personajes planos como redondos, y el resultado de sus conflictos se asemeja a la vida con más exactitud de lo que sugiere Norman Douglas. El caso de Dickens es significativo. Los personajes de Dickens son casi todos planos (Pip y David Copperfield intentan ser redondos, pero de una manera tan tímida que más que cuerpos sólidos parecen pompas). Casi todos ellos pueden resumirse en una frase, y, sin embargo, existe una maravillosa sensación de profundidad humana. Probablemente, la inmensa vitalidad de Dickens hace que sus personajes vibren un poco; así que toman prestada de él la vida y parecen tener una existencia propia. Es un ejercicio de prestidigitación; tan pronto como miremos al señor Pickwick de perfil descubriremos que no tiene más relieve que un disco de gramófono. Pero nunca se nos ofrece esta visión lateral. Mr. Pickwick es sumamente hábil y experimentado. Da siempre la impresión de tener algún peso, y cuando le ponen encima del armario en la escuela de jovencitas, parece tan pesado como Falstaff[15] en la cesta de emergencia de Windsor. Parte de la genialidad de Dickens consiste en utilizar estereotipos y caricaturas, gente que reconocemos en el mismo instante en que vuelven a entrar, con lo que el novelista logra al mismo tiempo efectos que no son mecánicos y una visión de la humanidad que no es superficial. Quienes no gustan de Dickens tienen excelentes argumentos. Debería ser un mal escritor. En realidad, es uno de los más grandes, y su enorme éxito en la creación de tipos sugiere que los personajes planos pueden tener más relevancia de la que admiten los críticos más intransigentes.

O pensemos en H. G. Wells. Con las posibles excepciones de Kipps y de la tía en *Tono-Bungay*, todos los personajes de Wells son tan planos como fotografías. Pero son fotografías agitadas con tal vigor que olvidamos que su complejidad está en la superficie y desaparecería si las arañáramos o dobláramos. Un personaje de Wells no se puede resumir ciertamente en una sola frase; se halla mucho más atado a la observación; el autor no crea estereotipos. Sin embargo, sus gentes rara vez palpitan con energía propia. Son las hábiles y poderosas manos de su

[15] Falstaff, el frustrado seductor de *The Merry Wives of Windsor*, es escondido en un cesto de ropa sucia y arrojado a un barrizal. *(N. del T.)*

creador las que le mueven y presentan al lector una falsa sensación de profundidad. Hay novelistas buenos aunque imperfectos, como Wells y Dickens, que poseen una gran habilidad a la hora de transmitir fuerza. La parte de sus novelas que tiene vida galvaniza la parte que no la tiene, y hace que sus personajes salten y hablen de una manera convincente. Estos autores son la antítesis del novelista perfecto que toca su material directamente, que parece pasar el dedo creador por cada frase y por cada palabra. Richardson, Defoe y Jane Austen son perfectos en este sentido: su obra puede no ser grandiosa pero sus manos están siempre en ella; no existe ese minúsculo intervalo que se produce en las novelas donde los personajes no están bajo un control directo desde que se toca el botón hasta que suena el timbre.

Porque es preciso admitir que los personajes planos en sí no son un logro tan grande como los redondos, y que son mejores cuando son cómicos. Un personaje plano, sea serio o trágico, puede resultar un aburrimiento. Cada vez que interviene gritando «¡Venganza!», «¡Mi corazón se desangra por la humanidad!» o cualquiera que sea su fórmula, se nos cae el alma a los pies. Cierta novela romántica de un popular escritor contempóraneo se construye en torno a un granjero de Sussex que dice: «¡Voy a arrancar ese tojo!». Tenemos al granjero, tenemos el tojo; el granjero dice que lo va a arrancar y lo arranca; pero no es lo mismo que decir: «Nunca abandonaré al señor Micawber», porque su firmeza nos aburre tanto que no nos importa si consigue arrancar el tojo o no. Si su fórmula se analizara y se conectara con el resto del conjunto humano, ya no nos aburriríamos, la fórmula dejaría de ser el hombre y se convertiría en una obsesión en el hombre; es decir, habría dejado de ser un granjero plano y se habría convertido en un personaje redondo. Solo los personajes redondos son capaces de desempeñar papeles trágicos durante cierto tiempo, suscitando en nosotros emociones que no sean humor o complacencia.

Dejemos, pues, a estos personajes bidimensionales y, como medio de transición hacia los personajes redondos, vayamos a *Mansfield Park*, a visitar a lady Bertram, que está sentada en un sofá con su perrito. El perro no tiene relieve, como la mayoría de los animales en la novela. En cierta ocasión se le representa extraviado en una rosaleda de cartón piedra, pero eso es todo, y a lo largo de la mayor parte del libro su dueña parece hecha del mismo material que su perro. La fórmula de lady Bertram es «soy amable, pero no se me debe fatigar», y obra en consecuencia. Pero al final se produce una catástrofe. Sus dos hijas sufren una desgracia: la peor que se conoce en el universo novelesco de la Austen, algo mucho peor que las guerras napoleónicas. Julia escapa con su amante y María, desgraciada en su matrimonio, escapa con el suyo. ¿Cuál es la reacción de lady Bertram? La frase que la describe es significativa:

Lady Bertram no se hundió en meditaciones, sino que, guiada por sir Thomas, sopesó con justicia todos los aspectos importantes y comprendió así en toda su enormidad lo que había sucedido; no hizo esfuerzo alguno ni pidió a Fanny que le aconsejara o restara importancia a la culpa y a la infamia.

Son palabras duras, y solían preocuparnos porque pensábamos que el sentido moral de Jane Austen se nos escapaba de las manos. La autora puede censurar —y, desde luego, lo hace— la culpa y la infamia y causar congoja en los personajes de Edmund y Fanny, pero ¿qué derecho tiene a perturbar a la tranquila y firme lady Bertram? ¿No es como ponerle al perrito tres cabezas y convertirlo en cancerbero? Su excelencia debería haber permanecido en el sofá y exclamar: «¡Qué asunto tan terrible y fastidioso lo de Julia y María!, pero ¿dónde se ha metido Fanny? He vuelto a perder un punto».

Esto era lo que yo solía pensar en mi mala interpretación del método de Jane Austen: exactamente lo mismo que hacía Scott cuando la felicitaba por su capacidad para pintar en un medallón de marfil. La Austen es una miniaturista, pero nunca bidimensional. Todos sus personajes son redondos o susceptibles de serlo. Incluso miss Bates tiene alma, incluso Elizabeth Elliot tiene corazón, y el fervor moral de lady Bertram deja de molestarnos cuando nos damos cuenta de esto. El disco se expande de repente convirtiéndose en una pequeña esfera. Cuando la novela llega a su fin, lady Bertram vuelve a ser bidimensional, cierto, y la impresión dominante que nos deja puede resumirse en una frase. Pero no es así como la concibió Jane Austen, y la frescura de sus reapariciones se debe a ello. ¿Por qué los personajes de Jane Austen nos provocan siempre una satisfacción ligeramente nueva cada vez que aparecen, en contraste con el placer meramente repetitivo que nos producen los de Dickens? ¿Por qué se comunican tan bien en las conversaciones, se tiran de la lengua sin que lo parezca y nunca fingen? La respuesta puede plantearse de varios modos: la autora, a diferencia de Dickens, es una verdadera artista; Jane Austen nunca cae en la caricatura, etc. Pero la respuesta más acertada es que sus personajes, aunque más parcos que los de Dickens, están organizados de una manera superior. Reaccionan en todos los sentidos e incluso, si el argumento exigiera más de ellos, seguirían estando a la altura de las circunstancias. Supongamos que Louisa Musgrove se hubiera partido la nuca en el Cobb. La descripción de su muerte habría sido endeble y femenina —la violencia física escapa por completo a las facultades de Jane Austen—, pero los supervivientes habrían reaccionado correctamente y, tan pronto como se hubieran llevado el cadáver, habrían sacado a la luz nuevos aspectos de los personajes; *Persuasion* se habría echado a perder como libro, pero sabríamos más sobre el capitán Wentworth y sobre Anne. Todos los personajes de Jane Austen admitirían que se les prolongara la vida —aunque el plan de sus libros rara vez lo exige—, por lo que su vida real es más satisfactoria. Pero volvamos a lady Bertram y a la frase clave. Veamos con qué sutileza se adapta a una zona en la que la anterior fórmula no tiene vigencia. «Lady Bertram no se hundió en meditaciones» —exactamente según la fórmula—, «sino que, guiada por sir Thomas, sopesó con justicia todos los aspectos importantes». La guía de sir Thomas, que forma parte de la fórmula, permanece, pero empuja a lady Bertram hacia una moralidad independiente e indeseada. «Comprendió así en toda su enormidad lo que había ocurrido». Este es el *fortíssimo* moral, fuerte, pero introducido con cuidado. A continuación sigue un *decrescendo* sumamente ingenioso, por medio de negaciones. «No hizo esfuerzo alguno, ni pidió a Fanny que le aconsejara o restara importancia a la culpa y a la infamia». La fórmula vuelve a aparecer, ya que, por regla general, ella trata de restar importancia a los problemas y suele exigir a Fanny que la aconseje sobre el modo de actuar; de hecho, Fanny no ha hecho otra cosa en los últimos diez años. Estas palabras, aunque en frases negativas, nos lo recuerdan; su estado normal está de nuevo a la vista, y en una sola frase el personaje se expande y adquiere relieve para volver a convertirse de nuevo en un personaje plano. ¡Cómo escribe Jane Austen! Con unas pocas palabras ha desarrollado el personaje de lady Bertram y ha aumentado además la plausibilidad de las escapadas de María y de Julia. Y decimos plausibilidad porque estas escapadas pertenecen a la esfera de la acción física violenta y, en este campo, como ya hemos dicho, Jane Austen se muestra débil y demasiado femenina. Salvo en sus novelas de escolar, la autora es incapaz de representar un accidente. Toda violencia ha de tener lugar «fuera de escena» —el accidente de Louisa y la necrosis de garganta de Marianne Dashwood son casi dos excepciones—, así que todos los comentarios sobre la fuga deben ser sinceros y convincentes; si no, podríamos dudar de que se hayan llegado a producir. Lady Bertram nos ayuda a creer que sus hijas han escapado y que era preciso que lo hicieran, porque de otro modo no se produciría la apoteosis de Fanny. Es una pequeña puntualización, una pequeña frase, y, sin embargo, nos demuestra con qué delicadeza un novelista puede dar relieve a un personaje.

En todas sus obras —desde la primera a la última— encontramos personajes así, que aparentemente son simples y planos, que no necesitan ser reintroducidos y, con todo, nunca pierden pie: Henry Tilney, el señor Woodhouse, Charlotte Lucas... Les colgará las etiquetas de «Sensatez», «Orgullo», «Sensibilidad» o «Prejuicio», pero no se hallan atados a estas cualidades.

En cuanto a los personajes redondos propiamente dichos, ya los hemos definido implícitamente y no es preciso añadir más. Lo único que cabe hacer es citar algunos ejemplos a fin de poner a prueba la definición.

Todos los personajes principales de *Guerra y paz*, todos los de Dostoievsky, todos los de Proust (por ejem-

plo, la vieja familia de criados, la duquesa de Guerman-
tes, el señor de Charlus, Saint-Loup); Madame Bovary
(quien, como Moll Flanders, dispone de todo el libro
para ella sola y puede extenderse y explayarse sin restricciones); algunos personajes de Thackeray (Becky y Bea-
triz, por ejemplo); algunos de Fielding (Parson Adams,
Tom Jones); algunos de Charlotte Brontë (concretamente, Lucy Snowe), y muchos más… No pretendemos hacer
una lista completa. La prueba de un personaje redondo
está en su capacidad para sorprender de una manera convincente. Si nunca sorprende, es plano. Si no convence,
finge ser redondo pero es plano. Un personaje redondo
trae consigo lo imprevisible de la vida —de la vida en las
páginas de un libro—. Y al utilizarlo, unas veces solo y más
a menudo combinándolo con los demás de su especie, el
novelista logra su tarea de aclimatación y armoniza al género humano con los demás aspectos de su obra.

2

Ahora un segundo mecanismo: el punto de vista desde
el que puede contarse la historia.

Para algunos críticos es este el mecanismo funda
mental.

Todo el intrincado problema del método en el arte de la
ficción [dice Percy Lubbock] me parece gobernado por

la cuestión de la perspectiva: la cuestión de la relación en que el narrador se sitúa en la historia.

Y en su libro *The Craft of Fiction* examina varios puntos de vista con genialidad y agudeza. El novelista, según él, puede adoptar varias perspectivas: situarse fuera de los personajes como un observador parcial o imparcial, tornarse omnisciente y describirlos desde dentro, situarse en la posición de uno de ellos fingiendo desconocer los motivos de los demás o adoptar alguna actitud intermedia.

Los seguidores de sus teorías contarán con una base sólida para la estética de la novela, pero esto es algo que nosotros no podemos prometer de momento. Nuestro estudio es algo deslavazado, y no vemos toda la intrincada cuestión del método como una serie de fórmulas, sino que creemos que depende de la facultad del novelista para sobresaltar al lector haciéndole aceptar lo que dice: facultad que Lubbock admite y admira pero sitúa al margen del problema y no en el centro. Para nosotros está en el mismísimo centro. Vean cómo Dickens nos sobresalta en *Bleak House*. En el capítulo I de la novela el autor es omnisciente. Nos conduce al Tribunal de Justicia y explica rápidamente los personajes allí presentes. En el capítulo II es omnisciente en parte. Todavía vemos a través de sus ojos, pero, por alguna razón inexplicable, estos empiezan a debilitarse: nos explica a sir Leicester Dedlock, a lady Dedlock en parte y al señor Tulkinghorn en absoluto. En el capítulo III es aún más reprensible: opta directamente por el método dramático y se introduce en una joven, Esther Summerson. «Me cuesta mucho comenzar a escribir mi parte en estas páginas porque sé que me faltan luces», empieza Esther, y prosigue en esta vena consistente y competente en tanto que se le permite sostener la pluma. Porque en cualquier momento el autor puede arrebatársela y tomarla él mismo dejando a la protagonista sentada Dios sabe dónde, afanada en cualquier actividad que no nos importa. Lógicamente, *Bleak House* está hecho a retazos, pero como Dickens nos sobresalta, no nos importan los cambios de perspectiva.

Serán los críticos, no el lector, quienes pongan objeciones. Porque en su celo por favorecer la preeminencia de la novela se hallan demasiado predispuestos a buscar los problemas que le son propios y la diferencian del teatro; piensan que debe tener su propia problemática técnica para ser aceptada como arte independiente, y, puesto que la cuestión de la perspectiva es sin duda propia de la novela, le han concedido una importancia excesiva. Yo, personalmente, no creo que sea tan relevante como una combinación acertada de personajes; problema con el que también se enfrenta el dramaturgo. Y el novelista debe sobresaltarnos: esto es imprescindible.

Echemos una ojeada a otros dos ejemplos de cambio de perspectiva.

El eminente escritor francés André Gide tiene publicada una novela titulada *Les Faux-Monnayeurs*, de la que hablaremos con más detalle la semana próxima. Esta novela, a pesar de toda su modernidad, tiene un aspecto en común con *Bleak House*: está desmembrada lógicamente. Unas veces el autor es omnisciente, lo explica todo, retrocede, *«il juge ses personnages»*; otras, su omnisciencia es parcial; otras, dramatiza y hace que la historia sea contada a través del diario de uno de los personajes. Se produce la misma ausencia de perspectiva, pero mientras que en Dickens era algo instintivo, en Gide tiene un carácter sofisticado; el autor se extiende demasiado al saltar de una perspectiva a otra. Y el novelista que deja traslucir demasiado interés en su propio método no puede nunca pasar de ser interesante; abandona la creación de personajes y parece pedirnos que le ayudemos a analizar su propia mente; el resultado es una brusca caída en la temperatura emocional. *Les Faux-Monnayeurs* se halla entre las más interesantes obras recientes, pero no entre las más vivas, y, por más que admiremos su entramado, no podemos alabarla sin restricciones.

Para nuestro segundo ejemplo tenemos que volver la vista a *Guerra y paz*. El resultado aquí es algo vivo: nos vemos lanzados de un lado a otro de Rusia; el autor es omnisciente, semiomnisciente o dramatiza aquí y allá según lo exige el momento; al final, lo aceptamos todo. El señor Lubbock no lo acepta, cierto. Aunque considera el libro una gran obra, lo encontraría aún más grande si tuviera una perspectiva; en su opinión, Tolstoi no ha dado de sí todo lo que debía. Yo no creo que las reglas del juego de escribir sean así. El novelista puede cambiar de perspectiva si resulta bien, y en Dickens y Tolstoi resulta bien. De hecho, esa facultad para dilatar y contraer la percepción (de la que el cambio de perspectiva es un síntoma), ese derecho a un conocimiento intermitente me parece una de las grandes ventajas de la forma novelesca y tiene su paralelismo en nuestra percepción de la vida. Unas veces somos más estúpidos que otras; en ocasiones podemos entrar en la mente de los demás, pero no siempre, porque nuestra propia mente se cansa, y esta intermitencia, a la larga, presta variedad y color a las experiencias que recibimos. Una gran cantidad de novelistas, ingleses especialmente, se han enfrentado así a sus personajes, jugando a este tira y afloja, y no vemos razón para que se les censure.

Pero sí se les debe censurar cuando se les descubre in fraganti. Esto es del todo cierto, y plantea otra cuestión: ¿puede el escritor compartir con el lector los secretos de sus personajes? La respuesta se ha esbozado ya: más vale que no lo haga. Es peligroso; generalmente conduce a un descenso de la temperatura, a la laxitud intelectual y emocional y, peor aún, a la jocosidad; es una invitación amistosa a ver cómo se sostienen las figuras por detrás. «Miren qué guapa está. A... siempre fue mi favorita». «¿Qué razones llevaron a B a conducirse así?... Tal vez esconda más de lo que parece a primera vista...! sí, miren..., ¡tiene un corazón de oro!... Y ahora, tras habernos asomado un momento, regresaremos donde estábamos…; no creo que se haya dado cuenta»… «Y este C siempre ha sido un tipo misterioso». Se consigue intimidad, sí, pero a costa de la ilusión y de la nobleza. Es como ofrecer una copa a una persona para que no critique nuestras ideas. Con todo el respeto que Fielding y Thackeray nos inspiran, su efecto es devastador; degenera en cotilleo de café y nada ha sido más perjudicial para la novela en el pasado. Confiarle al lector nuestra visión del universo es cosa muy distinta. No es peligroso para un novelista apartarse de sus personajes —como hacen Hardy o Conrad— y generalizar sobre las condiciones en que cree que la vida se desenvuelve. Son las confidencias sobre individuos concretos las que perjudican y apartan de los personajes al lector llevándole a examinar la mente del novelista. Y en momentos así, nunca hay gran cosa en ella, porque nunca se halla en un estado creativo. El simple hecho de decir «Venga para acá, vamos a charlar», es como un jarro de agua fría.

Debemos poner fin de momento a nuestras observaciones sobre los seres humanos. Cuando pasemos a hablar del argumento tomarán probablemente una forma más definida.

V. El argumento

«El carácter aporta cualidades, pero es en las acciones —lo que hacemos— donde somos felices o lo contrario», dice Aristóteles. Ya hemos decidido que el filósofo estaba equivocado y debemos ahora enfrentarnos a las consecuencias de nuestro desacuerdo con él. «Toda felicidad y sufrimiento humanos toman la forma de acción», afirma Aristóteles. Pero nosotros sabemos que no es así. Estamos convencidos de que la felicidad y la desgracia existen en la vida íntima de cada uno de nosotros y a la cual el novelista tiene acceso en sus personajes. Con la vida íntima nos referimos a la que no deja pruebas externas, y no, como se supone vulgarmente, a la que queda revelada por una palabra involuntaria o un suspiro. Estos hechos representan una prueba tan palmaria como un discurso o un asesinato: la vida que delatan deja de ser secreta y entra en el reino de la acción.

Pero no podemos juzgar con dureza a Aristóteles. Había leído pocas novelas y desde luego no había leído ninguna moderna —*La Odisea*, pero no *Ulysses*—; era, por temperamento, poco dado al secreto y ciertamente consideraba que la mente humana es una especie de cisterna de la que todo puede sacarse. Además, cuando escribió las palabras que hemos citado más arriba pensaba en el teatro, donde, sin lugar a dudas, son ciertas. En el teatro, toda felicidad y sufrimiento toman obligatoriamente la forma de acción. De otro modo, su existencia es ignorada; es esta la gran diferencia entre el teatro y la novela.

Lo específico de la novela es que el escritor puede hablar por boca de sus personajes, hablar acerca de ellos o bien hacernos escuchar cuando ellos hablan consigo mismos. Tiene acceso a sus autoconfesiones y, a partir de ahí, puede descender incluso más y asomarse al subconsciente. Pero una persona no habla con plena sinceridad consigo misma (ni siquiera consigo misma); la felicidad o el sufrimiento que secretamente siente proceden de causas que no puede explicar del todo, pues tan pronto como las eleva al plano de lo explicable pierden su cualidad original. El novelista posee en este punto una verdadera ventaja. Puede mostrar cómo el subconsciente, mediante un cortocircuito, desemboca en acción (el dramaturgo también), y puede mostrarlo asimismo en relación con el soliloquio. Domina toda la vida secreta y no se le puede privar de este privilegio. «¿Y cómo sabía eso el escritor?», oímos decir a veces. «¿Cuál es su punto de vista? No es coherente, cambia de perspectiva, salta de lo limitado a lo omnisciente y ahora retrocede otra vez». Pero las afirmaciones de este tipo evocan el ambiente de los tribunales de justicia. Al lector lo único que le importa es si el cambio de actitud y la vida secreta son convincentes, si de hecho son πιθανόν; y, con su palabra favorita resonando en sus oídos, invitamos a Aristóteles a que se retire.

Sin embargo, nos deja sumidos en cierta confusión, porque al producirse esta magnificación de lo humano, ¿qué ocurrirá con el argumento? En la mayoría de las obras literarias existen dos elementos: el individuo humano, del que hemos hablado hace poco, y ese elemento que vagamente denominamos arte. Con el arte también hemos jugueteado, pero en una de sus formas más primarias: la historia, la extensión desgajada de la «solitaria» del tiempo. Nos enfrentamos ahora con un aspecto muy superior: el argumento. Este, en lugar de encontrarse con los seres humanos más o menos moldeados a su conveniencia, como se hallan en el teatro, se encuentra con unos seres enormes, sombríos, intratables y ocultos en sus tres cuartas partes, como icebergs. De nada le servirá explicar a estas ariscas criaturas las ventajas del triple proceso de planteamiento, nudo y desenlace tan persuasivamente expuesto por Aristóteles. Alguno que otro personaje se levanta y obedece y el resultado es una novela que debería haber sido una obra de teatro. Pero no todos obedecen. Prefieren quedarse sentados en un rincón y rumiar sus pensamientos o algo semejante. Al Argumento, que aquí imaginamos como una especie de alto funcionario gubernamental, le preocupa su falta de espíritu público: «Así no vamos a ninguna parte», parece decir. «El individualismo es una cualidad sumamente valiosa; es más, mi propia posición depende de los individuos: nunca me he negado a admitirlo. Sin embargo, existen ciertos límites y se están sobrepasando. Los personajes no deben quedarse meditando demasiado, no pueden perder el tiempo subiendo y bajando por las escaleras de sus propias entrañas; deben contribuir, si no, se ponen en peligro intereses superiores». Una contribución al argumento. ¡Cuántas veces hemos oído esa frase! Los personajes de una obra de teatro contribuyen por necesidad, pero ¿hasta qué punto es esto necesario en una novela?

Definamos el argumento. Hemos descrito la historia como una narración de sucesos ordenada temporalmente. Un argumento es también una narración de sucesos, pero el énfasis recae en la causalidad. Una historia es: «El rey murió y luego murió la reina». Un argumento es: «El rey murió y luego la reina murió de pena». Se conserva el orden temporal, pero se ve eclipsado por la sensación de causalidad. O también: «La reina murió, nadie sabía por qué, hasta que se descubrió que fue de pena por la muerte del rey». Este es un argumento con misterio, forma que admite un desarrollo superior. Suspende el orden temporal y se distancia de la historia tanto como lo permiten sus limitaciones. Consideremos la muerte de la reina. Si es una historia, preguntaremos: «Y luego, ¿qué pasó?». Si es un argumento, preguntaremos: «¿Por qué?». Esta es la diferencia fundamental entre estos dos aspectos de la novela. Un argumento no puede contarse a un público de trogloditas boquiabiertos, ni a un sultán tiránico, ni a un público del cine, su moderno descendiente. A estos solo les mantiene despiertos el «y luego..., y luego...»; no pueden aportar más que curiosidad. Y un argumento exige inteligencia y memoria.

La curiosidad es una de las facultades humanas más elementales. Habrán notado que en la vida diaria la gente curiosa casi siempre tiene mala memoria y, en el fondo, es normalmente estúpida. Quien empieza preguntándonos cuántos hermanos tenemos nunca es una persona amable, y si nos la encontramos al cabo de un año, probablemente nos volverá a preguntar con el belfo fláccido y sus ojos saltones cuántos hermanos tenemos. Es difícil hacerse amigo de una persona así; y para dos curiosos debe ser imposible la amistad. La curiosidad en sí misma no nos lleva muy lejos, y en la novela sucede lo mismo..., no nos lleva más allá de la historia. Si queremos comprender el argumento debemos añadir inteligencia y memoria.

Lo primero, inteligencia. El lector de novelas inteligente, a diferencia del curioso que pasa por alto los datos nuevos, toma nota mental de ellos. Los observa desde dos puntos de vista: aislados y en relación con lo que ha leído en las páginas anteriores. Probablemente no los comprende, pero no espera poder hacerlo aún. Los datos de una novela sumamente organizada (como *The Egoist*) son a menudo correspondencias referenciales de las que el espectador ideal no puede esperar tener una imagen cabal hasta llegar al final de la obra y estar sentado en la cumbre de la montaña. Este elemento de sorpresa o de misterio —el elemento detectivesco, como se le suele denominar, en expresión bastante absurda— posee una gran relevancia en un argumento. Se produce mediante una suspensión del orden temporal; un misterio es una bolsa en el tiempo, y tenemos un ejemplo tosco cuando decimos: «¿Por qué murió la reina?» y, de manera más sutil, en gestos y palabras medio explicados cuya verdadera significación solo se nos revela páginas más adelante. El misterio es esencial en un argumento y no puede apreciarse sin inteligencia. El curioso no sabe ver más que otro «y luego...». Para apreciar un misterio hay que dejar en suspenso una parte de la mente, cavilando, mientras la otra continúa avanzando.

Esto nos lleva al segundo requisito: la memoria.

La memoria y la inteligencia se hallan íntimamente relacionadas, pues sin recordar no podemos entender. Si cuando muere la reina hemos olvidado la existencia del rey, nunca descubriremos lo que causó su muerte. El argumentista confía en que nosotros recordemos, y nosotros esperamos de él que no deje cabos sueltos. Cada acto o cada palabra del argumento deben contar; la trama debe ser económica y sucinta; incluso cuando es complicada debe ser orgánica y estar exenta de materia inerte. Puede ser difícil o fácil, puede —y debe— albergar misterios, pero no debe confundir. Y a medida que se desentraña, por encima de todo ello revoloteará la memoria del lector (ese resplandor apagado de la mente cuyo borde brillante y prominente lo constituye la inteligencia), reorganizando y reconsiderando constantemente, descubriendo nuevas pistas, nuevos encadenamientos de causa y efecto; la sensación final —si el argumento ha sido bueno— no será de que existan pistas ni concatenaciones, sino de algo estéticamente compacto, algo que el novelista podría haber mostrado directamente pero sin belleza. Nos enfrentamos aquí con la belleza por primera vez en nuestra investigación: belleza a la que el novelista nunca debe aspirar pero sin la cual fracasa. Más adelante, pondremos la belleza en el lugar que le corresponde. Entretanto, les pido que la acepten como parte de un argumento acabado. Parece un poco sorprendida de hallarse aquí, pero la belleza debe parecerlo; es la emoción que mejor le sienta a su semblante. Botticelli lo sabía cuando la pintó surgiendo de las olas entre los vientos y las flores. La belleza, que no parece sorprendida, que acepta su condición como algo que se le debe, nos recuerda demasiado a una *prima donna*.

Pero volvamos al argumento. Lo haremos a través de George Meredith.

Meredith no es ya ese gran nombre que fue hace veinte o treinta años, cuando hacía temblar a todo Cambridge y a buena parte del universo. Recuerdo lo mucho que solía deprimirme este verso de uno de sus poemas: «No respiramos más que para ser acero o tajo». Yo no deseaba ser ninguna de las dos cosas, y sabía que no era una espada. Pero, al parecer, no había una razón verdadera para deprimirse, porque Meredith está hoy en el seno de la ola, y aunque la moda volverá y le elevará un poco, nunca volverá a ser ese poder espiritual que era hacia el año 1900. Su filosofía no se ha conservado bien. Los duros embates que lanza contra el sentimentalismo aburren a la generación actual, que trabaja en la misma vena pero con instrumentos mejor construidos y propende a considerar sentimentales a quienes se pasean con un trabuco en la mano. Su visión de la naturaleza no perdura, como la de Hardy; hay demasiado Surrey en ella, es demasiado vaporosa y florida. Meredith sería tan incapaz de escribir el capítulo inicial de *The Return of the Native* como Box Hill de visitar Salisbury Plain.[16] Sus ojos no saben ver lo que el paisaje de Inglaterra tiene realmente de trágico y perdurable y lo mismo ocurre con lo verdaderamente trágico de la vida. Cuando se pone serio y experimenta sentimientos nobles se producen armónicos estridentes y un tono amenazador que se torna angustioso. Es más, me parece que se asemeja a Tennyson en un aspecto: al no tomarse a sí mismo con la suficiente tranquilidad, deforma su ser interior. Además, en sus novelas la mayoría de los valores sociales son fingidos. Los sastres no son sastres, las partidas de cricket no son cricket, ni siquiera los trenes parecen trenes y las familias del

---

[16] Escenario de *Emma. (N. del T.)*

condado tienen el aspecto de haber sido desembaladas hace un momento; apenas les da tiempo a ponerse en posición antes de que empiece el episodio; les quedan todavía briznas de paja colgándoles de la barba. El escenario social en que sus personajes están inmersos es sin duda muy extraño. Esto se debe a la fantasía del autor, que es legítima, pero es en parte también un frío y torpe engaño. Con toda la falsificación, con todo el sermoneo, que nunca fue agradable y ahora se considera hueco; con todas esas mansiones rurales que quieren ser el universo, no es sorprendente que Meredith se halle ahora en el seno de la ola. Y, sin embargo, en cierto sentido es un gran novelista. Es el mejor argumentista que ha producido la novela inglesa, y en cualquier conferencia sobre el argumento se le debe rendir un homenaje.

Las tramas de Meredith no están tejidas uniformemente. No podemos describir la acción de *Harry Richmond* en una sola frase, como podríamos hacer con *Great Expectations*, aunque los dos libros tratan del error que comete un joven en cuanto a las fuentes de su fortuna. Un argumento meredithiano no es un templo consagrado a la musa trágica, ni aun a la musa cómica; más bien se asemeja a una serie de quioscos dispuestos con el mayor ingenio entre laderas boscosas, donde los personajes se introducen por propia iniciativa y reaparecen después con aspecto alterado. El incidente surge del personaje y lo transforma. Los personajes y los sucesos se hallan íntimamente enlazados, y el autor consigue esto mediante estas invenciones. A menudo son encantadores, a veces conmovedores y siempre inesperados. El impacto que nos producen, seguido de la sensación de «pues sí, está bien», es señal de que todo marcha bien con el argumento; los personajes, para ser reales, deben ir sobre ruedas, pero un argumento debe suscitar sorpresa. El fustigamiento del doctor Shrapnel en *Beauchamp's Career* es una sorpresa. Sabemos que Shrapnel tiene que desagradarle a Everard Romfrey, que tiene que odiarle, pues no entiende su radicalismo y está celoso de su influencia sobre Beauchamp. También observamos cómo se complica el malentendido respecto a Rosamund, y hemos presenciado las intrigas de Cecil Baskelett. Porque, en cuanto a los personajes, Meredith juega con las cartas sobre la mesa. Pero cuando se produce el incidente, la impresión que nos causa es enorme ¡y a los personajes también! El hecho tragicómico de que un viejo fustigue a otro por los motivos más elevados produce una reacción en todo ese mundo y transforma a la totalidad de los personajes del libro. Pero ello no constituye el centro de *Beauchamp's Career*, que, en realidad, carece de centro. Se trata esencialmente de una invención; es una puerta por la que se hace pasar el libro, que surge luego transformado. Hacia el final, cuando Beauchamp muere ahogado y Shrapnel y Romfrey se reconcilian ante su cadáver, se intenta elevar el argumento a una simetría aristotélica, convertir la novela en un templo donde habiten la interpretación y la paz. Meredith fracasa aquí:

Beauchamp's Career sigue siendo un conjunto de invenciones (la visita a Francia es una de ellas); invenciones que surgen de los personajes y que reaccionan sobre ellos.

Ilustremos ahora brevemente el elemento misterioso del argumento: la fórmula de «la reina murió —según se descubrió después— de pena». Tomaremos un ejemplo no de Dickens —aunque *Great Expectations* proporciona uno muy bueno— ni de Conan Doyle —que mi pedantería me impide disfrutar—, sino otra vez de Meredith: un ejemplo de emoción oculta extraído del admirable argumento de *The Egoist*; se produce en el personaje de Laetitia Dale.

Al principio se nos dice todo cuanto pasa por la mente de Laetitia. Sir Willoughby la ha dejado plantada dos veces y ella está abatida, resignada. Luego, por razones dramáticas, su mente se nos oculta. Su carácter evoluciona, cosa muy natural, pero no vuelve a reaparecer hasta la gran escena de medianoche en que él le propone matrimonio porque no está seguro de Clara; entonces Laetitia, una mujer cambiada, responde con un «no». Meredith nos ha escamoteado el cambio. Su brillante comedia se habría echado a perder si nos hubiera mantenido todo el rato en contacto con el personaje. Sir Willoughby padece una serie de descalabros y trata de recurrir a unos y a otros; no tiene donde apoyarse. Como no resultaría divertido —sería incluso una tosquedad— ver al autor preparando las trampas de antemano, la indiferencia de

Laetitia se oculta a nuestra vista. Este es uno de los incontables ejemplos en que sea el argumento, sea el personaje, deben sufrir, y Meredith, con su infalible buen sentido, permite aquí que triunfe el argumento.

Como ejemplo de triunfo equivocado recordamos un desliz —no es más que eso— de Charlotte Brontë en *Villette*. La autora permite que Lucy Snowe oculte al lector algo que ha descubierto: el doctor John es Graham, su antiguo compañero de juegos. Cuando se descubre se produce una gran emoción argumental, pero dañando en exceso al personaje. Hasta ese momento Lucy había representado el espíritu de la integridad y se había impuesto, como quien dice, la obligación moral de contar todo lo que sabía. Resulta un poco desconcertante que se preste a escamotear hechos importantes, aunque el incidente es demasiado trivial como para causarle un daño permanente.

A veces el argumento triunfa demasiado. Los personajes tienen que renegar de su naturaleza a cada momento porque, si no, se ven tan arrastrados por la corriente del destino que ello debilita nuestra fe en su existencia. Encontraremos ejemplos de esto en un escritor mucho más grande que Meredith y, sin embargo, menos logrado como novelista: Thomas Hardy. Hardy nos parece esencialmente un poeta que concibe sus novelas desde una enorme altura. Sus obras pretenden ser tragedias o tragicomedias, aspiran a producir a su paso el retumbar de martillazos; dicho de otro modo, Hardy dispone los acontecimientos cargando el acento en la causalidad, el proyecto fundamental es el argumento y los personajes están obligados a plegarse a sus requisitos. Excepto en el personaje de Tess —que nos produce la sensación de ser superior a su destino—, este aspecto de su obra es insatisfactorio. Sus personajes se ven cogidos en una serie de trampas y quedan finalmente atados de pies y manos. Se concede una importancia incesante al destino y, a pesar de todos los sacrificios que se hacen en su honor, nunca vemos la acción como un ser vivo, del modo que sucede en *Antígona, Bérénice* o *El jardín de los cerezos*. Es el destino que se cierne sobre nosotros, no el que actúa en nosotros, lo que hay de eminente y memorable en las novelas de Wessex. Antes que Eustacia Vye es el páramo de Egdon el que llega al centro de la cuestión. Son los bosques sin los habitantes de los bosques. Las princesas reales, aún dormidas, recorren al amanecer los montes de Budmouth Regis.[17] En *The Dynasts* —donde utiliza otro medio—, el éxito de Hardy es completo; aquí sí escuchamos los martillazos del destino; causas y efectos encadenan a los personajes a pesar de sus luchas, y se

[17] El conocedor de las novelas de Hardy encontrará en esta página numerosas referencias: Eustacia Vye es un personaje clave de *The Return of the Native*, cuya acción transcurre en el páramo de Egdon. Budmouth Regis es el nombre imaginario de la bahía de Weymouth, también en Dorset. En los «habitantes de los bosques» hay una alusión intraducible a *The Woodlanders*, otra novela de Hardy. Lo mismo sucede con *Jude the Obscure*. (N. del T.)

establece un contacto completo entre actores y argumento. Pero en sus novelas, aunque la misma maquinaria soberbia y terrible está en funcionamiento, nunca coge a la humanidad entre sus dientes; tras las desventuras de Jude el Oscuro se oculta algún problema vital que no llega a ser respondido, ni siquiera planteado. En otras palabras, se ha exigido de los personajes una contribución excesiva al argumento; excepto en sus humores rústicos, su vitalidad se ha visto empobrecida, los personajes se han vuelto enjutos y magros. Por lo que podemos ver este es el defecto presente en todas las novelas de Hardy: concede a la causalidad más importancia de lo que su medio permite. Como poeta, profeta y visualizador, George Meredith no era nadie a su lado —un vociferante provinciano de pacotilla—, pero sabía hasta dónde se puede forzar una novela, cuándo el argumento puede exigir de los personajes una contribución y cuándo debe permitirles desenvolverse como gusten. Y en cuanto a la moral..., bueno, no vemos ninguna, porque la obra de Hardy es mi patria y la de Meredith no puede serlo; sin embargo, la moraleja, por lo que se refiere a estas conferencias, es de nuevo desfavorable a Aristóteles. En la novela, la felicidad y la desgracia humanas no adoptan la forma de acción, buscan un medio de expresión que no es el argumento; no deben canalizarse de un modo rígido.

En la desigual batalla que el argumento libra con los personajes, aquel a veces se toma una cobarde venganza. Casi todas las novelas se debilitan hacia el final. Esto se debe a que el argumento requiere una conclusión. ¿Y por qué es necesario? ¿Por qué no existe una convención que permita al novelista terminar en cuanto se aburre? Por desgracia tiene que redondear las cosas y, normalmente, mientras está en ello los personajes pierden vida y nuestra impresión final es que agonizan. *The Vicar of Wakefield* es, en este sentido, una novela típica: inteligente y fresca en la primera mitad —hasta la descripción del grupo familiar, con la señora Primrose como Venus—, se vuelve luego rígida y estúpida. Los incidentes y las personas que aparecieron al principio por propia iniciativa se ven obligados ahora a contribuir al desenlace. Al final, el propio autor se da cuenta de que está haciendo el tonto. «Mas no puedo seguir adelante sin reflejar esos encuentros accidentales que, aunque ocurren cada día, apenas excitan nuestra sorpresa sino en ocasiones extraordinarias». Goldsmith es, desde luego, un novelista menor, pero la mayoría de las novelas fallan aquí, y cuando la lógica se adueña de los seres de carne y hueso, se produce el mismo desastroso estancamiento. Si no fuese por la muerte y el matrimonio no sabemos cómo terminaría sus obras el novelista medio. La muerte y el matrimonio son casi la única conexión que establece entre los personajes y el argumento; y, siempre que ocurran al final del libro, el lector está más dispuesto a aceptarlo y a adoptar un punto de vista libresco. Al pobre escritor hay que dejarle terminar de alguna manera, tiene que ganarse la vida, como todo el mundo; así que no debe sorprendernos que no se oigan más los martillazos y el ajuste de tornillos.

Dentro de lo que cabe generalizar, este es el defecto inherente a toda novela: al final se estropea. Y hay razones que lo justifican. En primer lugar, la debilidad física amenaza al novelista igual que a cualquier obrero y, en segundo lugar, existen las dificultades a que nos hemos referido. Los personajes dejan poco a poco de obedecer al autor; han puesto cimientos sobre los que luego no quieren construir y, entonces, el propio novelista tiene que ponerse a trabajar para que la obra quede terminada a tiempo. Finge que los personajes actúan para él. Sigue repitiendo sus nombres y utilizando guiones y comillas. Pero los personajes están ausentes o muertos.

El argumento, pues, es la novela en su aspecto lógico-intelectual; requiere misterio, pero un misterio que se resolverá más adelante; el lector puede hallarse en mundos irreales, mas el novelista no siente recelos. Es competente y domina la obra con mano firme; lanza un rayo de luz por un lado, un manto invisible por el otro y —en tanto que argumentista— negocia con su faceta de traficante de personajes el mejor efecto que puede producir. Planea el libro de antemano o, de cualquier modo, se sitúa por encima de él; su interés en causas y efectos le confiere un aire de predeterminación.

Mas ahora debemos preguntarnos: la estructura que así se produce, ¿es la mejor posible para una novela? Después de todo, ¿por qué hay que planear una novela? ¿No puede crecer? ¿Por qué necesita un desenlace como las obras de teatro? ¿No puede desplegarse? El autor, en lugar de situarse por encima de su obra y controlarla, ¿no puede zambullirse dentro de ella y dejarse arrastrar hacia algún objetivo imprevisto? El argumento es emocionante y puede ser hermoso, pero ¿no es una obsesión tomada del teatro, de las limitaciones espaciales del escenario? ¿No puede la novela idear una estructura menos lógica y al mismo tiempo más acorde con su genio?

Los escritores modernos lo creen así, y vamos a examinar ahora un caso reciente que constituye una violenta acometida contra el argumento y un ejemplo constructivo de lo que se puede poner en su lugar.

Hemos mencionado ya la novela en cuestión, nos referimos a *Les Faux-Monnayeurs*, de André Gide. En sus páginas encontramos los dos métodos. Gide ha publicado el diario que escribía mientras redactaba la novela, y no hay razón para que en el futuro no publique las impresiones que le suscite la relectura del diario y la novela; y que, más adelante, elabore una síntesis más perfecta en que el diario, la novela y sus impresiones de ambos se influyan mutuamente. En realidad, Gide es un poco más solemne de lo que corresponde a un autor respecto a todo este montaje; pero para ser un montaje resulta sobremanera interesante e invita a un estudio minucioso por parte de los críticos.

En primer lugar, en *Les Faux-Monnayeurs* tenemos un argumento del tipo lógico objetivo que hemos estado considerando: un argumento o, más bien, varios retazos de argumento. El principal se centra en un jovencito llamado Olivier, personaje entrañable y conmovedor que ha perdido la felicidad y más tarde, tras un desenlace excelentemente ideado, la recupera y la sabe transmitir a los demás. Este retazo posee un maravilloso resplandor y, si se nos permite expresión tan vulgar, «parece real»; es una lograda creación sobre pautas conocidas. Pero de ningún modo constituye el centro del libro. Y tampoco lo son en mayor medida otros fragmentos lógicos, como el que se centra en Georges, escolar hermano de Olivier que pasa monedas falsas y está implicado en el suicidio de un condiscípulo suyo. (Gide nos proporciona las fuentes de todo esto en su diario: el modelo de Georges lo tomó de un niño al que sorprendió robando un libro en un quiosco; la banda de falsificadores fue desarticulada en Ruán; el suicidio de niños se produjo en Clermont-Ferrand, etc.). Ni Olivier, ni Georges, ni Vincent —un tercer hermano—, ni Bernard —amigo de todos ellos— forman el centro del libro. Édouard se halla más cerca del centro; es novelista. Guarda con Gide la misma relación que Clissold con Wells. No nos atrevemos a ser más precisos. Igual que Gide, lleva un diario; como Gide, está escribiendo un libro titulado *Les Faux-Monnayeurs*, y, como Clissold, es repudiado por el autor. El diario de Édouard aparece en el libro en su totalidad. Comienza antes de los retazos de argumento, se entremezcla con ellos y constituye gran parte de la novela. Pero Édouard no es un simple cronista. Es también actor; de hecho es él quien rescata a Olivier y, a su vez, es rescatado por él; pero dejemos a estos dos personajes disfrutando de su felicidad.

Tampoco esto constituye el centro del libro. Lo más próximo al centro es una discusión que se produce sobre el arte de la novela. Édouard expone sus teorías ante Bernard, su secretario, y algunos amigos. Dice que la verdad en la vida y la verdad en la novela no son idénticas, y que quiere escribir un libro que incluya las dos verdades.

—¿Y cuál es el tema de la novela?

—No lo hay —repuso Édouard bruscamente—. Mi novela no tiene tema. Sí, ya lo sé, parece una tontería. Digamos que no tendrá un tema..., *une tranche de vie*, decía la escuela naturalista. Pero el gran defecto de esta escuela consistía en hacer el corte siempre en el mismo sentido; en el sentido del tiempo, a lo largo. ¿Por qué no hacerlo a lo ancho o en profundidad? Yo, por mí, no cortaría nada. ¿Me explico? Me gustaría meter todo en mi novela. Nada de tijeretazos aquí o allá. Llevo un año trabajando en ella y no he dejado de meter nada: todo lo que veo, lo que sé, todo lo que me enseña la vida de los otros y de los demás...

—Mi pobrecito Édouard, tus lectores se morirán de aburrimiento —dijo Laura, que, incapaz ya de ocultar su sonrisa, había optado por reírse abiertamente.

—Nada de eso. Para obtener ese efecto he inventado como personaje central a un novelista; y el tema del libro será precisamente la lucha entre lo que le ofrece la realidad y lo que él aspira a hacer con ella.

—¿Y el plan de ese libro está hecho ya? —preguntó Sophroniska tratando de mantener un gesto grave.

—Desde luego que no.

—¿Por qué «desde luego»?

—Como comprenderá, para un libro de esta clase, un plan resulta esencialmente inadmisible. Todo quedaría falseado si se decidiera el menor detalle de antemano. Yo espero a que la realidad me lo dicte.

—Pero yo creía que usted quería apartarse de la realidad.

—Mi novelista querrá hacerlo, pero yo le devolveré a ella constantemente. A decir verdad, ese será el tema: la lucha entre los hechos propuestos por la realidad y la realidad ideal.

—Anda, dinos el nombre de ese libro —dijo Laura.

—Muy bien. Díselo, Bernard.

—*Les Faux-Monnayeurs* —dijo Bernard—. Pero ¿nos puedes decir quiénes son esos *faux-monnayeurs*?

—No tengo la menor idea.

Bernard y Laura se miraron entre sí y luego se volvieron hacia Sophroniska. Se escuchó un profundo suspiro.

El hecho era que las ideas de dinero, depreciación, inflación y falsificación habían invadido poco a poco el libro de Édouard, del mismo modo que las teorías de la vestimenta se apoderan del *Sartor Resartus* de Carlyle, usurpando incluso el lugar a los personajes.

—¿Habéis tenido alguna vez entre las manos una moneda falsa? —preguntó al cabo de un momento—. Bien, imaginad una moneda falsa de diez francos de oro. En realidad, no vale más que unos céntimos. Pero mientras no se descubra que es falsa valdrá diez francos. Supongamos que yo parto de la idea de que...

—Pero ¿por qué partir de una idea? —interrumpió Bernard, exasperado—. ¿Por qué no partir de un hecho? Si se parte de un hecho correctamente expuesto, la idea vendrá a ocuparlo ella misma. Si yo estuviera escribiendo *Les Faux-Monnayeurs* empezaría por presentar la moneda falsa, esa moneda de la que hablabas hace un momento... ¡Aquí tengo una!

Diciendo esto sacó del bolsillo una monedita de diez francos y la lanzó sobre la mesa.

—Escuchen lo bien que suena. Tiene casi el mismo sonido que las otras. Se diría que es de oro. Esta mañana piqué con ella, igual que el tendero que me la dio; pero luego me lo dijo. Creo que no pesa exactamente lo mismo que una de verdad, pero brilla y casi suena igual; es de cristal pero está chapada en oro, así que vale algo más que unos céntimos. Con el uso se volverá transparente. ¡Pero no la froten!, me la van a estropear.

Édouard la había cogido y la estudiaba con la máxima atención.

—¿Y quién se la dio al tendero?

—Ya no se acuerda. Debía llevar varios días en el cajón. Me la dio en broma, para ver si picaba. Yo iba a aceptarla, ¡ya lo creo! Pero como es una persona honrada me lo ha dicho. Luego me la vendió por cinco francos. Pensé que como estás escribiendo *Les Faux-Monnayeurs* debías ver una moneda falsa, así que la compré para enseñártela.

Ahora que ya la has visto, dámela. Lamento constatar que la realidad no despierta tu interés.

—Sí —dijo Édouard—, me interesa, pero me molesta.

—¡Qué lástima! —señaló Bernard.

Este pasaje es el centro del libro. Expone la antigua tesis de que la verdad en la vida está en contra de la verdad en el arte, y la ilustra gráficamente con la irrupción de una auténtica moneda falsa. La novedad consiste en que intenta compaginar las dos verdades, y sugiere que el escritor debe mezclarse con su material narrativo y dejarse arrollar una y otra vez por él; que no debe tratar ya de dominar, sino confiar en ser dominado, dejarse arrebatar. En cuanto al argumento..., ¡que se vaya al infierno! Hay que hacerlo trizas, quemarlo. Ha de producirse esa «formidable erosión de los contornos» de que habla Nietzsche. Todo lo que se organiza de antemano es falso.

Hay otro distinguido crítico que coincide con Gide: la ancianita de la anécdota a quien sus sobrinas acusan de ser ilógica. No había modo de hacerle comprender lo que era la lógica, y cuando captó su verdadero significado, su reacción no fue tanto de irritación como de desprecio.

—¡La lógica! ¡Válgame Dios! ¡Qué majadería! —exclamó—. ¿Cómo voy a saber lo que pienso hasta ver lo que digo?

Sus sobrinas, educadas jovencitas, pensaron que estaba *passée*; pero estaba más a la moda que ellas.

A decir de quienes se hallan en contacto con la Francia contemporánea, la presente generación sigue el consejo de Gide y de la ancianita y se lanza resueltamente a la confusión: admira a los novelistas ingleses argumentando que rara vez consiguen lo que pretenden. Los cumplidos son siempre agradables, pero este, en concreto, viene un poco de rebote. Es como si una gallina trata de poner un huevo y le dicen que ha puesto un paraboloide: resulta una curiosidad más que una satisfacción. Y cuando trata de poner un paraboloide..., no sabemos, tal vez signifique la muerte de la gallina. Ese parece el peligro de la postura de Gide: pretende poner un paraboloide. Anda mal encaminado, si quiere escribir novelas subconscientes, razonando tan lúcida y pacientemente sobre el subconsciente; introduce el misticismo en el momento equivocado. Sin embargo, eso es asunto suyo. Como crítico es sumamente estimulante, y esos montones de palabras que engloba bajo el título de *Les Faux-Monnayeurs* harán las delicias de todos aquellos que no pueden saber lo que piensan hasta ver lo que dicen o de quienes están hartos de la tiranía del argumento y de su alternativa, la tiranía de los personajes.

Pero queda evidentemente algo más, otro aspecto o varios aspectos que tenemos que examinar aún. Cabe sospechar que la afirmación es conscientemente subconsciente, pero existe un residuo vago e inmenso donde entra el subconsciente. La poesía, la religión, la pasión, todavía no las hemos situado y, puesto que somos críticos —solo críticos—, tenemos que intentarlo, tenemos que catalogar el arco iris. Ya nos hemos asomado para herborizar sobre las tumbas de nuestras madres.

Es preciso, pues, emprender el recuento de la trama y de la urdimbre del arco iris, y concentrar ahora nuestra mente en el tema de la fantasía.

VI. Fantasía

Un ciclo de conferencias que pretenda ser algo más que una mera colección de observaciones debe tener una idea que sirva de eje. Y ha de tener también un tema, donde la idea debe igualmente servir como eje. Esto es tan evidente que el decirlo puede parecer una tontería, pero quien haya intentado dar conferencias se dará cuenta de que esto constituye una verdadera dificultad. Un curso, como cualquier otra colección de palabras, genera un ambiente. Posee su propio aparato —el conferenciante, un público o instalaciones para que este acuda—, se produce a intervalos regulares, es anunciado en convocatorias impresas y tiene una vertiente financiera que se oculta discretamente. Así que las conferencias tienden —aun de modo parasitario— a llevar una vida propia de tal manera que bien pueden moverse en una dirección con su idea-eje mientras el tema se escabulle por otra.

La idea-eje en este ciclo de conferencias resulta a estas alturas bastante evidente: en la novela existen dos fuerzas —los seres humanos, por un lado, y luego un conjunto de elementos diversos que no son seres humanos— que al novelista corresponde equilibrar, conciliando sus pretensiones. Esto, como decimos, es bastante evidente, pero ¿constituye también el eje de la novela? Tal vez nuestro tema —los libros que hemos leído— se ha escabullido de nuestra vista mientras teorizábamos, como la sombra de un pájaro que se eleva volando. El pájaro sigue su curso: se remonta en línea recta y ascendente. La sombra sigue su rumbo: atraviesa parpadeando carreteras y jardines. Pero los dos se parecen cada vez menos; ya no se tocan, como ocurría cuando el pájaro tenía sus patas en el suelo. Y la crítica, especialmente un curso crítico, es sobremanera engañosa. Por muy nobles que sean sus intenciones y acertado su método, el tema se escurre, se va alejando imperceptiblemente, y el conferenciante y su público pueden despertarse sobresaltados y descubrir que, aunque se comportan de una manera distinguida e inteligente, se hallan en un ámbito que nada tiene que ver con lo que han leído.

Es esto lo que preocupa a Gide, o mejor dicho, una de las cosas que le preocupan, pues posee un espíritu inquieto. Cuando tratamos de traducir la verdad de una esfera a otra —sea desde la vida a los libros o desde estos a las conferencias—, la verdad se estropea; pero esto no sucede de repente, de manera detectable, sino muy despacio. Ese largo pasaje de *Les Faux-Monnayeurs* que hemos citado tal vez haga volver al pájaro a su sombra. Después de ello ya no podemos aplicar el antiguo aparato. En la novela hay algo más que tiempo, gente, lógica o cualquiera de sus derivados; algo más aparte del destino, incluso. Y con este «algo más» no nos referimos a nada que excluya a estos aspectos, ni a nada que los incluya o los abarque. Nos referimos a algo que los corta como un haz luminoso, algo que en un punto se relaciona íntimamente con ellos e ilumina pacientemente todos sus problemas, y en otro cae sobre ellos o los atraviesa como si no existieran. A este rayo de luz le daremos dos nombres: fantasía y profecía.

Todas las novelas que vamos a examinar ahora cuentan una historia, contienen personajes y tienen un argumento o retazos de argumentos, así que podríamos aplicarles el aparato crítico que sirve para Fielding o Arnold Bennett. Pero cuando pronuncio dos de los nombres —*Tristram Shandy* y *Moby Dick*— queda claro que debemos detenernos a cavilar un momento. El pájaro y la sombra se distancian demasiado. Es necesario encontrar una nueva fórmula; el mero hecho de que se pueda mencionar a Tristram o a Moby en la misma frase es prueba de ello. ¡Qué pareja más imposible! Están tan alejados como los polos. Sí, y, como los polos, poseen algo en común de lo que carecen las tierras que circundan el ecuador: un eje. Lo esencial de Sterne y Melville pertenece a este nuevo aspecto de la novela: el eje fantástico-profético. George Meredith lo roza porque es, en cierto modo, fantástico. Y también Charlotte Brontë, que tiene algo de profetisa. Pero en ninguno de los dos es el aspecto esencial. Si les privamos de este aspecto, el libro que queda se sigue pareciendo a *Harry Richmond* o a *Shirley*. En cambio, si privamos de ello a Sterne o a Melville, si se lo quitamos a Peacock, a Max Beerbohm, a Virginia Woolf, a Walter de la Mare, a William Beckford, a James Joyce, a D. H. Lawrence o a Swift, no queda de ellos nada en absoluto.

Nuestra aproximación más fácil para definir cualquier aspecto de la novela será siempre tener en cuenta la clase de exigencia que impone al lector. Era la curiosidad, en la historia; los sentimientos humanos y el sentido de los valores, en los personajes; la inteligencia y la memoria, en el argumento. ¿Qué nos pide la fantasía? La fantasía nos pide que paguemos algo de más. Nos impone un ajuste distinto del que exige una obra de arte, un ajuste adicional. Los demás novelistas dicen: «He aquí algo que le podría ocurrir a usted»; el escritor de fantasías dice: «He aquí algo que no puede ocurrir. Primero les pido que acepten el libro en su totalidad, y luego que acepten algunas otras cosas que hay en él». Muchos lectores conceden la primera petición, pero se niegan a la segunda. «Ya sabemos que el libro no es real», dicen. «Pero, al menos, uno espera que sea natural; ese ángel, enano, fantasma, o ese absurdo retraso en el nacimiento del niño... No, no, eso es excesivo». Entonces, o bien revocan su concesión original y dejan de leer, o bien siguen leyendo con una frialdad absoluta, observando las piruetas del autor sin advertir lo mucho que pueden significar para él.

Sin duda este enfoque no es válido desde el punto de vista crítico. Todo el mundo sabe que una obra de arte es una entidad, etc., etc.; puesto que posee sus propias leyes —que no son las de la vida diaria—, todo lo que encaja en ella es cierto y no hay por qué plantear la cuestión del ángel, etc., sino con referencia a su adecuación al libro. Mas ¿por qué situar a un ángel en distinto plano que a un agente de bolsa? Una vez que estamos en el reino de lo ficticio, ¿qué diferencia hay entre una aparición y una hipoteca? Comprendemos la validez de este argumento, pero nuestro corazón se niega a asentir. La tónica general de las novelas es tan literal, que cuando surge lo fantástico se produce un efecto curioso: mientras que unos lectores se emocionan, otros se ponen fuera de sí. Lo fantástico exige un ajuste adicional debido a lo extraño de su método o de su tema: es como una de esas exposiciones en las que hay una exhibición especial por la que se pagan seis peniques más sobre el precio de entrada. Algunos lectores pagan encantados: fueron a la exposición solo por la exhibición secundaria; es a ellos únicamente a quienes me dirijo ahora. Otros se niegan indignados, y también estos cuentan con nuestra más sincera estima, porque el sentir aversión por lo fantástico en literatura no equivale a sentir aversión por la literatura. Ni siquiera implica falta de imaginación, sino simplemente una cierta renuncia a responder a las exigencias que a ella le imponemos. El señor Asquith —si es cierto lo que se cuenta— no podía responder a las exigencias de *Lady into Fox*. No habría puesto objeciones, decía, si la raposa se hubiera vuelto a convertir en señora, pero tal como quedaban las cosas experimentó una sensación incómoda de insatisfacción. Que sintiera esto no supone desdoro para el eminente político, ni para este delicioso libro. Simplemente significa que el señor Asquith, aunque un verdadero amante de la literatura, no quería pagar los seis peniques extra; o, mejor dicho, estaba dispuesto a pagarlos, pero esperaba que se los devolvieran al final.

La fantasía nos pide pagar algo extra.

Distingamos ahora entre fantasía y profecía.

Los dos aspectos se asemejan en que poseen dioses y se diferencian por los dioses que poseen. Existe en los dos el sentido de lo mitológico y esto los distingue de otros aspectos de nuestro tema. Podemos hacer otra invocación, así que por la fantasía dedicaremos una invocación a todos los seres que habitan la biosfera, las aguas poco profundas y las pequeñas colinas; a todos los faunos y dríadas, retazos del recuerdo, a todas las coincidencias verbales, sátiros y sátiras,[18] todo lo que posee un carácter medieval a este lado de la tumba. Cuando lleguemos a la profecía no entonaremos invocación alguna, pero se la hubiéramos dedicado a todo lo que trasciende nuestras capacidades —aun cuando sea la pasión humana—, a las deidades de la India, de Grecia, de Escandina-

---

[18] En el original, *Pans and puns*, «Faunos y retruécanos». *(N. del T.)*

via y de Judea; a todo lo medieval en el mundo de ultratumba, y a Lucifer, hijo de la mañana. Por su mitología distinguiremos dos clases de novelas. Hoy se nos aparecerán, pues, una serie de dioses menores que llamaríamos hadas si la palabra no estuviera consagrada a la imbecilidad. («¿Cree usted en las hadas?». «No, bajo ningún concepto»). La materia que forma la vida cotidiana será zarandeada y retorcida en todas las direcciones; la tierra sufrirá pequeñas sacudidas; miradas malignas o pensativas se proyectarán sobre objetos que no tienen razones para preverlo ni agradecerlo, y la propia tragedia, aunque no estará excluida, adoptará un aire fortuito, como si una palabra pudiera desarmarla. El poder de la fantasía alcanza a todos los rincones del universo, pero no a las fuerzas que lo gobiernan —las estrellas, cerebro de los cielos, ejército de la ley inalterable, permanecen intactas—, y esta clase de novelas posee un aire improvisado que constituye el secreto de su fuerza y su encanto. Pueden contener una sólida descripción de personajes, críticas penetrantes y amargas de la conducta y la civilización, pero nuestro símil del rayo de luz sigue vigente, y si es preciso invocar a algún dios recurriremos a Hermes: mensajero, ladrón y guía de las almas hacia un más allá no demasiado terrible.

Ustedes esperarán que yo diga ahora que un libro fantástico nos pide que aceptemos lo sobrenatural. Lo diré, pero de mala gana, porque cualquier afirmación tocante al contenido temático pone estas novelas bajo las garras de ese aparato crítico del que debemos salvarlas. Más que en cualquier otro caso, podemos decir aquí que solo leyendo el libro sabremos lo que hay en él, y que su atractivo es especialmente personal: se trata de una exposición secundaria dentro de la principal. Por ello, preferiría escurrir el bulto en la medida de lo posible, y decir que estas novelas nos piden que aceptemos lo sobrenatural o su ausencia.

Una referencia a la más grande de ellas —*Tristram Shandy*— dejará claro este punto. Lo sobrenatural está ausente de la familia Shandy, y, sin embargo, un millar de incidentes sugieren que no se halla muy lejos. Porque no nos sorprendería que los muebles del dormitorio del señor Shandy —donde se retira desesperado tras escuchar los detalles que se omiten del nacimiento de su hijo— cobraran vida, como los vestidos de Belinda en *The Rape of the Lock*; ni que el puente levadizo del tío Toby condujera a Liliput. Existe una inmovilidad de ensalmo en toda la epopeya: cuanto más hacen los personajes, menos se hace; cuanto menos tienen que decir, más hablan; cuanto más piensan, más necios se vuelven; los hechos poseen una tendencia infernal a devanarse y retrotraerse hacia el pasado en lugar de engendrar el futuro, como en los libros bien organizados; y esa obstinación de los seres inanimados, como la bolsa del doctor Slop, resulta muy sospechosa. Es evidente que tras *Tristram Shandy* se esconde un dios, un dios que se llama Caos y que algunos lectores no saben aceptar. El caos casi llega a encarnarse, pero no era propósito de Sterne revelar del todo sus horribles rasgos. Tal es la deidad que acecha tras esta obra maestra: el ejército del inefable caos, el universo como castaña caliente. Poco debe sorprendernos, pues, que otro caótico divino, el Dr. Johnson, escribiera en 1776: «Nada hay descabellado que dure mucho. *Tristram Shandy* no ha sobrevivido». El Dr. Johnson no siempre estuvo acertado en sus juicios literarios, pero lo desafortunado de este raya en lo increíble.

Bien, sirva esto como definición de fantasía. Implica lo sobrenatural, pero no necesita expresarlo. A menudo lo expresa, y si este tipo de clasificaciones resultara útil, podríamos hacer una lista de los artificios que han empleado los escritores de vena fantástica: la introducción de dioses, fantasmas, ángeles, monos, monstruos, enanos o brujas en la vida ordinaria; la introducción de hombres corrientes en una tierra de nadie, sea el futuro, el pasado, el interior de la tierra o la cuarta dimensión; introspección o escisión de la propia personalidad, y, por último, el mecanismo de la parodia o la adaptación. Estos artificios no tienen por qué pasarse de moda; se les ocurrirán de manera natural a escritores de cierta sensibilidad que les darán un nuevo uso; pero el hecho de que su número sea estrictamente limitado tiene interés y sugiere que el rayo de luz solo puede manipularse de determinadas maneras.

Seleccionaremos como ejemplo típico una obra reciente sobre una bruja: *Flecker's Magic*, de Norman Matson. Me pareció una buena novela y se la recomendé a un amigo cuyo juicio crítico respeto. Le pareció floja. Esto es lo malo de los libros nuevos: nunca dejan esa sensación de sosiego que nos produce la atenta lectura de los clásicos. *Flecker's Magic* no contiene apenas elementos nuevos: en una obra de fantasía es imposible. No es más que la antiquísima historia del anillo de los deseos que o bien trae la infelicidad o bien no trae nada. Flecker, joven norteamericano que estudia pintura en París, recibe el anillo de una muchacha que conoce en un café. Es una bruja y ella misma se lo dice; Flecker no tiene más que estar seguro de lo que desea y lo conseguirá. Para demostrarle su poder, la bruja levanta un autobús lentamente por los aires y lo vuelca. Los pasajeros, que no llegan a caerse, tratan de poner cara de que no sucede nada. El conductor, que en ese momento está en la acera, no puede ocultar su sorpresa, pero al ver que el autobús regresa al suelo enterito, le parece más prudente subirse a su asiento y seguir el trayecto como de costumbre. Los autobuses no se ponen boca abajo lentamente en el aire; no, no lo hacen. Flecker acepta el anillo. Su personaje, aunque esbozado con trazos rápidos, posee individualidad, y su nitidez confiere consistencia al libro.

La novela se desarrolla en una tensión creciente, con una serie de pequeñas sacudidas. El método es socrático. A nuestro joven lo primero que se le ocurre pedir es un Rolls Royce. Pero ¿dónde va a meter esa monstruosidad? O una mujer maravillosa. Pero ¿y la *carte d'identité*?

¿Dinero? ¡Ah!, eso está mejor... Flecker es poco menos que un vagabundo. Digamos... un millón de dólares. Se dispone a dar la vuelta al anillo..., pero ya puestos a pedir, dos millones parecen algo más seguro... o diez... o... Y el dinero se dispara hacia cifras desaforadas, y lo mismo ocurre cuando piensa en una vida larga: morir dentro de cuarenta años; no, de cincuenta..., dentro de cien...; horrible, horrible. Entonces se le ocurre la solución. Siempre ha deseado ser un gran pintor. Bien, lo será enseguida. Pero ¿qué clase de grandeza? ¿La de Giotto? ¿La de Cézanne? Ciertamente, no: la suya. ¿Cuál es? Tampoco este deseo es posible.

Y entonces una horrible vieja empieza a aparecérsele, incluso en sueños. Se asemeja a la muchacha que le entregó el anillo. Conoce los pensamientos de Flecker y se le aparece diciendo: «¡Querido hijito! ¡Mi buen hijito! ¡Pide la felicidad!». Más adelante sabemos que la verdadera bruja es esta y que la muchacha era una amiga humana que ha utilizado para ponerse en contacto con Flecker. Es la última bruja... y se siente muy sola. Las demás se suicidaron a lo largo del siglo XVIII: no podían soportar sobrevivir en el mundo de Newton, donde dos y dos son cuatro; y tampoco el de Einstein se encuentra lo bastante descentralizado como para resucitarlas. La bruja se ha quedado en el mundo con la esperanza de vencerlo, y quiere que el joven pida la felicidad porque en toda la historia del anillo no se ha pedido jamás un deseo así.

¿Era Flecker el primer hombre moderno que se encontraba en esta situación? Las gentes del viejo mundo poseían tan poco que sabían muy bien lo que querían. Conocían la existencia de un Dios Todopoderoso, con grandes barbas, que estaba sentado en su trono a una milla de altura por encima de los campos; y la vida era muy corta y también muy larga, pues los días estaban llenos de esfuerzos irracionales.

Las gentes de esos tiempos que recogen los anales deseaban poseer un hermoso castillo sobre una elevada colina y vivir allí hasta su muerte. Pero la altura de la colina no permitía ver desde las ventanas treinta siglos hacia atrás... como podemos hacer en cualquier vivienda actual. En el castillo no había grandes volúmenes atestados de palabras y de fotografías de objetos extraídos, por la inagotable curiosidad del hombre, en arenas y tierras de todos los rincones del mundo. Era común una vaga creencia sentimental en la existencia de dragones, pero no se tenía la certeza de que hubiera habido una época en la que la tierra estaba únicamente habitada por ellos, de que los ancestros del hombre hubieran sido auténticos dragones. No tenían películas que proyectar como pensamientos sobre una pared blanca, ni fonógrafo, ni máquinas con las que sentir la velocidad; ni diagramas de la cuarta dimensión, ni contrastes en la vida como el que existe entre Waterville, en Minnesota, y París, en Francia. En el castillo las luces eran débiles y trémulas; los pasillos, oscuros; las habitaciones, profundamente tenebrosas. El pequeño mundo exterior estaba lleno de sombras, y solo en lo más alto de la mente del amo del castillo jugueteaba una luz temblorosa; por debajo solo había tinieblas, miedo, ignorancia, voluntad de ignorar. Y, sobre todo, en el castillo de la colina no había esa intensa premonición de que hoy, o sin duda mañana, se descubriría que el Hombre duplicaría su poder de un golpe y cambiaría de nuevo el mundo.

Los antiguos cuentos de magia eran los pensamientos balbuceantes de un mundo estrecho, remoto y miserable; así, al menos, pensaba Flecker escandalizado. Los cuentos no le servían de guía. Existían demasiadas diferencias entre su mundo y el de ellos...

Tal vez había rechazado el deseo de felicidad con excesiva ligereza. No parecía llegar a ninguna parte pensando en ello. No era lo bastante serio. ¡En los cuentos antiguos nunca se pedía el deseo de ser feliz! ¿Por qué sería?

Podría arriesgarse, simplemente para ver qué ocurría. El pensamiento le hizo estremecerse. Saltó de la cama y empezó a dar vueltas, mirando el suelo de rojas baldosas y frotándose las manos...

—Quiero ser feliz para siempre —susurró para escuchar el sonido de las palabras, pero cuidando de no tocar el anillo—. *Feliz... para siempre.* Las dos primeras sílabas, como dos minúsculos guijarros, vibraron musicalmente contra la campanilla de su imaginación, pero las últimas palabras eran como un suspiro. *Para siempre...* Su espíritu sucumbía bajo su impacto suave y pesado. Prendida en su mente, la palabra producía una música monótona que se desvanecía. *¡Feliz... para siempre!* ¡NO!

Un verdadero creador de fantasías, Norman Matson hermana los reinos de la magia y del sentido común utilizando palabras que sirven para los dos; el agregado que resulta surge lleno de vida. No vamos a contar el final de la historia. Ya habrán adivinado sus elementos esenciales, mas siempre hay sorpresas en el funcionamiento de un espíritu nuevo y, hasta el final de los tiempos, la buena literatura se hará en torno a esta idea de un deseo.

Pero pasemos de este simple ejemplo de lo sobrenatural a otro más complejo, a un libro sumamente logrado, soberbiamente escrito e impregnado de un espíritu de farsa: *Zuleika Dobson*, de Max Beerbohm. Todos ustedes conocen a la señorita Dobson —no personalmente, porque en tal caso no estarían aquí ahora—; es esa damisela por cuyo amor murieron ahogados todos los estudiantes de Oxford durante las regatas de remo... Bueno, todos menos uno que se tiró por la ventana.

Un tema magnífico para un relato fantástico, aunque siempre dependerá del tratamiento que reciba. Aquí se trata con una mezcla de realismo, ingenio, encanto y mitología, y la mitología aquí es sumamente importante. Max ha tomado prestados y creado toda una serie de seres sobrenaturales, pero haber confiado uno de ellos a Zuleika hubiera sido una ineptitud; la novela habría resultado pesada o endeble. Pasamos de los sudorosos emperadores a las perlas negras y rosadas, del ulular de los búhos a las intromisiones de la musa Clío, de los fantasmas de Chopin y George Sand al de Nellie O'Mora, y justo en el momento en que fracasa uno le sustituye otro en la tarea de sostener este exquisito palio funerario.

Atravesaron la plaza, cruzaron High Street y descendieron por Grove Street. El duque levantó la vista ante la torre de Merton, ὡ οὗηοἴ αὖδις ἀλλὰ νῦν μανύβζζον. Era extraño que aquella noche siguiera allí en pie, en toda su sobria y sólida belleza, mirando todavía, por encima de tejados y chimeneas, a la torre del Magdalen, su legítima novia. A lo largo de los siglos aún no escritos del futuro seguiría así erguida, así mirando. El duque torció el gesto. Los muros de Oxford saben cómo empequeñecernos, y el duque se sentía reacio a considerar trivial su sino.

Sí, somos la burla de todos los minerales. Los vegetales, anualmente caducos, son mucho más compasivos. Las lilas y los cambroños, que alegraban ahora el sendero cercado de la pradera de Christ Church, se inclinaban y asentían moviendo sus ramas al paso del duque. «*Adieu, adieu*, su excelencia», musitaban. «Mucho lo sentimos por usted, mucho de veras. Nunca nos atrevimos a pensar que su excelencia nos enterrara. Consideramos su fallecimiento una gran tragedia. *Adieu!* Acaso nos reunamos en otro mundo…, es decir, si es que las especies animales gozan, como nosotros, de un alma inmortal».

Aunque poco versado en su lengua, el duque captó, al pasar entre estas locuaces floraciones, el significado de su saludo y contestó con una vaga pero cortés sonrisa de reconocimiento, volviéndose a derecha e izquierda y causando en las plantas una impresión muy favorable.

¿No posee este pasaje una belleza a la que no puede aspirar la literatura seria? Es divertido y está lleno de encanto; es iridiscente y al mismo tiempo profundo. Las críticas a la naturaleza humana no vuelan como dardos, sino sobre alas de sílfides. Hacia el final —ese horrible final a menudo tan terrible para la novela—, el libro decae bastante: visto de cerca, el suicidio colectivo de los estudiantes de Oxford no resulta tan delicioso como debiera, y la defenestración de Noaks es poco menos que repulsiva. Sin embargo, *Zuleika* es una gran obra y en el terreno de la fantasía constituye el logro más sólido de nuestros días. La escena final del dormitorio de Zuleika, con su premonición de nuevos desastres, nos parece impecable.

> Y entonces, con aliento contenido y agitadas palpitaciones, se quedó mirando, sin verla, a aquella dama que le observaba desde el espejo; luego se dio la vuelta y se deslizó presurosa a la mesilla, sobre la que reposaban los dos libros. Cogió con violencia el Bradshaw.[19]
>
> Siempre nos interponemos entre el Bradshaw y la persona que lo consulta.
>
> —¿Me permite, *mademoiselle*, que le busque lo que desea? —preguntó Mélisande.
>
> —¡Silencio! —dijo Zuleika.
>
> Siempre rechazamos, al principio, a cualquiera que se interpone entre nosotros y el Bradshaw.

[19] Guía de ferrocarriles. *(N. del T.)*

Pero siempre terminamos por aceptar su intervención.

—Mira a ver si se puede ir directamente desde aquí a Cambridge —ordenó Zuleika, entregándole el libro—. Si no es así...; bien, si no es así, averigua cómo se va allí.

Nunca tenemos la menor confianza en la persona que interviene. Ni tampoco siente ella, llegado el momento, demasiado optimismo. Con desconfianza próxima a la exasperación, Zuleika permaneció sentada observando las medrosas y frenéticas pesquisas de su doncella.

—¡Detente! —exclamó de improviso—. Tengo una idea mucho mejor. Bajas a la estación mañana temprano. Hablas con el jefe de estación. Y me ordenas un tren especial. Para las diez.

Se puso en pie y estiró los brazos sobre la cabeza. Sus labios, entreabiertos por un bostezo, se fundieron en una sonrisa. Con ambas manos se recogió el pelo hacia atrás y lo retorció, formando un holgado moño. Con movimientos gráciles se subió a la cama y al poco rato se quedó dormida.

Zuleika, como ven, debía haber terminado en esta ciudad. Al parecer no llegó nunca, y solo cabe suponer que, debido a la intervención de los dioses, su tren especial no llegó a partir, o lo más probable es que esté todavía en Bletchey en una vía muerta.

Entre los artificios de nuestra lista habíamos citado la parodia o adaptación, y vamos ahora a examinarlos con más detalle. El fantasista adopta aquí para su mitología alguna obra precedente y la utiliza como armazón o cantera para sus propios fines. Tenemos un frustrado ejemplo de ello en *Joseph Andrews*. Fielding empezó sirviéndose de *Pamela* como mitología cómica. Pensó que sería divertido inventar un hermano de Pamela, honrado lacayo, que rechazaría las atenciones de lady Booby del mismo modo que Pamela rechazaba las del señor B., y hacer que lady Booby fuese la tía del señor B. De tal modo, podría reírse de Richardson y expresar, al mismo tiempo, sus propias ideas sobre la vida. Sin embargo, su visión de la vida no permitía a Fielding quedar satisfecho sino con la creación de sólidos personajes tridimensionales; así que con la creciente importancia de Parson Adams y la señora Slipslop termina la fantasía y nos encontramos ante una obra independiente. *Joseph Andrews* —que posee también una importancia histórica— nos interesa como ejemplo de un falso comienzo. Su autor empieza haciendo el tonto en un mundo richardsoniano y termina poniéndose serio en un mundo propio: el de Tom Jones y Amelia.

La parodia y la adaptación poseen enormes ventajas para ciertos novelistas, especialmente para quienes tienen mucho que decir y abundante genio literario, pero no ven el mundo en función de hombres y mujeres determinados; dicho de otro modo, para quienes no son muy aficionados a crear personajes. ¿Cómo pueden empezar a escribir estas personas? Un libro o una tradición literaria ya existentes pueden inspirarles, puede ser que encuentren en sus cornisas un modelo que les sirva para comenzar, pueden balancearse en sus vigas y ganar fuerza. *The Magic Flute*, la obra fantástica de Lowes Dickinson, al parecer surgió así: el autor tomó como mitología el mundo de Mozart. Tamino, Sarastro y la Reina de la Noche se hallan en su reino encantado, listos para los pensamientos del autor, y a medida que estos se van desgranando, los personajes cobran vida y surge una obra nueva y exquisita. Y lo mismo se puede decir de otra obra fantástica, que es cualquier cosa menos exquisita: *Ulysses*, de James Joyce.[20] Esta obra notable —tal vez el experimento literario más interesante de nuestros días— no se habría logrado sin que Joyce hubiera tenido como guía y base el mundo de *La Odisea*.

Solo nos referiremos a un aspecto de *Ulysses*. Porque desde luego es mucho más que una fantasía: es victorianismo invertido, es un intento obstinado de embarrar el universo, de hacer que triunfen el desabrimiento y la suciedad donde fracasaron la dulzura y la luz; una simplificación del carácter humano en beneficio del Infierno. Todas las simplificaciones son fascinantes, mas todas nos apartan de la verdad (que suele hallarse más cerca de la confusión de *Tristram Shandy*), y *Ulysses* no debe detenernos en razón de su moralidad, ya que en ese caso ten-

[20] *Ulysses* (Shakespeare & Co., París) no está disponible por el momento en Inglaterra. Los norteamericanos, más ilustrados, han sacado una versión mutilada sin permiso de su autor y sin pagarle un centavo. (Como señala Oliver Stallybrass, la edición completa y autorizada se publicó por vez primera en Estados Unidos, en 1934, y en Gran Bretaña, en 1936. [*N. del T.*])

dríamos que hablar también de la señora Humphry Ward. Nos ocupamos de él porque, gracias a una serie de mitos, Joyce ha conseguido crear el peculiar escenario y los personajes que necesitaba.

La acción de esas 400.000 palabras ocupa un solo día, el escenario es Dublín y el tema un viaje: el periplo del hombre moderno desde la mañana hasta la noche, desde la cama hasta las sórdidas tareas de la mediocridad; un funeral, la redacción de un periódico, una biblioteca, un bar, un retrete, una sala de maternidad, la playa, un burdel, un puesto de café y de nuevo la cama. Sin embargo, tiene cohesión porque se aferra al viaje del héroe que surca los mares de Grecia como un murciélago a una cornisa.

Ulises es Mr. Leopold Bloom, judío converso, avaro, lascivo, tímido, inmoral, desordenado, superficial y amable que toca su punto más bajo siempre que finge tener grandes aspiraciones. Bloom pretende explorar la vida con el cuerpo. Penélope es Mrs. Marion Bloom, soprano demasiado abierta[21] y muy poco severa con sus pretendientes. El tercer personaje es Stephen Dedalus, hijo espiritual de Bloom en la misma medida en que Telémaco lo es de Ulises. Stephen —a quien hemos conocido en *A Portrait of the Artist as a Young Man*— trata de ex-

---

[21] Juego de palabras en inglés: «*overblown Bloom*» («flor demasiado abierta»). Se refiere, naturalmente, a la incontinencia de la mujer del protagonista. *(N. del T.)*

plorar la vida a través del intelecto y se ve ahora implicado en esta obra épica de suciedad y desilusión. Stephen y Bloom se encuentran a mitad del camino en el Night Town —que en parte es el palacio de Circe de Homero y en parte recuerda el Descenso al Hades—, en cuyos sobrenaturales y mugrientos callejones entablan una amistad superficial pero genuina. Esta es la crisis del libro. En este punto —aunque, a decir verdad, a todo lo largo de él—, y como gusanos entre las escamas de una serpiente venenosa, se arremolinan como un enjambre una serie de mitos de menor entidad. Cielo y Tierra se llenan de vida infernal, las personalidades se funden y los sexos se intercambian, hasta que el universo todo, incluido el pobre y hedonista señor Bloom, se ve inmerso en una deprimente orgía.

¿Está logrado? No, no del todo. La indignación en la literatura nunca llega a lograrse, ni en Juvenal, ni en Swift, ni en Joyce; las palabras contienen algo que es ajeno a su simplicidad. La escena del Night Town no está lograda sino como superfetación de fantasías, es un monstruoso apareamiento de reminiscencias. Pero se obtiene toda la satisfacción que puede alcanzarse en estos casos, y a lo largo de toda la obra se producen experimentos similares cuyo objetivo es degradarlo todo, y en concreto la civilización y el arte, sacándolos de dentro afuera y poniéndolos de arriba abajo. Habrá entusiastas del libro que piensan que *Ulysses* no debería citarse aquí, sino más adelante, bajo el epígrafe de profecía; entendemos esta crítica. Pero hemos preferido mencionarlo aquí, con *Tristram Shandy*, *Flecker's Magic*, *Zuleika Dobson* y *The Magic Flute*, porque la ira de Joyce, como el temperamento más calmado y alegre de los demás escritores, me parece esencialmente fantástica y carece de esa nota que escucharemos pronto.

Es preciso ahondar más en esta idea de la mitología, y lo haremos con más circunspección.

VII. Profecía

No nos interesa esta palabra en el sentido estricto de adivinación del futuro ni tampoco demasiado como llamada a la rectitud. Lo que nos interesa hoy —a lo que tenemos que responder, porque *interesar* resulta inapropiado— es cierto acento de la voz del novelista, un acento para el que las flautas y los saxofones de la fantasía pueden habernos preparado. Su tema es el universo, o algo universal, pero no tiene necesariamente que «decir» nada sobre el universo; se propone cantar, y el carácter extraño de la melodía que se eleva en las salas de la novela nos causará una conmoción. ¿Cómo encajará esta canción con el mobiliario del sentido común? Hemos de admitir que no demasiado bien. El intérprete no siempre tiene espacio para hacer sus gestos; se vuelcan sillas y mesas, y la novela por donde ha pasado la influencia bárdica presenta a menudo un aspecto de desolación que nos recuerda al de un salón azotado por un terremoto o por una fiesta infantil. Los lectores de D. H. Lawrence comprenderán lo que quiero decir.

La profecía —en el sentido que nosotros le damos— es un tono de voz. Puede llevar implícita cualquiera de las creencias que han dominado a la humanidad: cristianismo, budismo, dualismo, satanismo o simplemente el amor y el odio humanos elevados a tal potencia que desbordan sus receptáculos normales; pero no nos preocupa directamente qué visión concreta del mundo se recomienda. Es lo implícito lo que tiene significado y se irá filtrando por las frases del novelista; así que en esta conferencia, que promete ser muy imprecisa y grandiosa, tal vez nos aproximemos más que en ninguna otra a las minucias del estilo. Tendremos que atender al estado de ánimo del novelista y a las palabras concretas que usa y, en lo posible, dejaremos a un lado los problemas de sentido común. En lo posible: pues todas las novelas contienen mesas y sillas, y la mayoría de sus lectores es eso lo primero que buscan. Antes de condenar al autor por amaneramiento y tergiversación hemos de observar su punto de vista. No se fija en absoluto en las mesas y en las sillas, y por eso es por lo que están desenfocadas. Y aunque solo vemos lo que no enfoca —no lo que enfoca—, en nuestra ceguera nos reímos de él.

Hemos dicho que cada aspecto de la novela exige una cualidad diferente del lector. Pues bien, el aspecto profético exige dos: humildad y la suspensión del sentido del humor. La humildad es una cualidad que solo nos inspira una moderada admiración. En muchos momentos de la vida constituye un gran error y degenera en una actitud defensiva o hipócrita. Pero es precisamente ahora cuando la humildad tiene sentido. Sin su ayuda no escucharemos la voz del profeta y nuestros ojos verán una imagen cómica en vez de su gloria. El sentido del humor, en cambio, está fuera de lugar; esa estimable prenda del hombre educado debe apartarse a un lado. Como los niños de la Biblia, no podemos evitar el reírnos del profeta —su calvicie resulta ridícula—, pero podemos dejar de lado las carcajadas y darnos cuenta de que la risa carece de valor crítico y solo sirve para engordar a los borricos.

Distingamos a los profetas de los que no lo son.

Tenemos dos novelistas que fueron educados en el cristianismo. Tras hondas especulaciones se separaron de él, pero no abandonaron —ni lo pensaron por un momento— el espíritu cristiano, ya que lo interpretaban como el espíritu del amor. Los dos tenían la convicción de que los pecados siempre son castigados y que el castigo es una expiación, mas no contemplaban este proceso con el distanciamiento de los antiguos griegos o de los modernos hindúes, sino con lágrimas en los ojos. La compasión, pensaban, es el ambiente en que la moralidad ejerce su lógica; una lógica que, de otro modo, es brutal y un sinsentido. ¿De qué sirve castigar a un pecador y redimirlo si no se añade además algo —una recompensa celestial— a la redención? ¿Y de dónde procede ese algo más? No procede del mecanismo, sino del ambiente en que se produce el proceso, del amor y de la compasión que —según ellos— son atributos de Dios.

¡Qué semejantes debieron de ser esos dos novelistas! Sin embargo, estamos hablando de George Eliot y Dostoievsky...

Se dirá que Dostoievsky era un visionario. Pero también lo era George Eliot. Clasificarlos por separado, aunque haya que hacerlo, no es fácil. Pero la diferencia que existe entre ellos se definirá nítidamente en cuanto leamos dos pasajes de sus obras. A los amantes de clasificaciones, estas citas les parecerán semejantes, pero cualquiera que tenga un oído musical notará que proceden de mundos diferentes.

Comenzaré con un pasaje —muy famoso hace cincuenta años— de *Adam Bede*. Hetty, condenada a morir por el asesinato de su hijo ilegítimo, está en la cárcel. No quiere confesar su crimen. Se muestra dura e impenitente. Dinah, la metodista, acude a visitarla.

Dinah empezó a dudar de que Hetty hubiese comprendido bien quién estaba con ella. Pero sentía cada vez más la presencia divina; era casi como si Dios le hubiese comunicado a ella misma la misericordia divina que agitaba su corazón y que quería salvar aquella alma abandonada. Al fin se decidió a hablar para averiguar hasta qué punto se daba cuenta de su presencia.

—Hetty —dijo con dulzura—, ¿sabes quién está a tu lado?

—Sí —contestó Hetty despacio—. Eres Dinah... —y después de una pausa añadió—: Pero nada puedes hacer por mí. Nada puedes contra ellos. Me ahorcarán el lunes..., y hoy es viernes.

—Pero, Hetty, hay alguien más que yo en esta celda: alguien que está muy cerca de ti.

—¿Quién? —dijo Hetty, asustada y en voz baja.

—Alguien que ha estado contigo durante todas tus horas de pecado y de tristezas, que ha conocido todos tus pensamientos, que te ha visto andar, acostarte, levantarte y que conoce todos los actos que has procurado ocultar en la oscuridad. Y el lunes, cuando yo no pueda acompañarte, cuando mis brazos ya no puedan alcanzarte, cuando la muerte nos haya separado, el que ahora está con nosotras y que lo conoce todo estará entonces contigo. No importa que vivamos o que muramos, porque siempre estamos en presencia de Dios.

—¡Oh, Dinah! ¿Nadie hará nada por mí? ¿Es verdad que me ahorcarán?... No me importaría si me dejaran vivir... Ayúdame... No puedo sentir nada de lo que tú sientes... Mi corazón está endurecido.

Dinah retuvo aquella mano que estrechaba la suya y puso toda su alma en la voz:

—... ¡Ven, poderoso Salvador! Que los muertos escuchen tu voz; que los ojos del ciego se abran; que Hetty vea la compasión que Dios siente por ella; que solo tiemble al recordar el pecado que la ha alejado de Él. Ablanda este corazón endurecido; abre los apretados labios; que grite desde lo más profundo de su alma: «¡Padre, he pecado!...».

—¡Dinah! —sollozó Hetty, echándole los brazos alrededor del cuello—. Hablaré... Lo diré... No lo ocultaré más. Yo lo hice, Dinah... Lo enterré en el bosque... al niño.

Y gritaba... Le oía gritar..., a pesar de la distancia..., toda la noche..., y volví allí porque gritaba.

Se interrumpió y prosiguió rápidamente, en tono más elevado y suplicante.

—Pero pensé que quizá no moriría, que alguien podría encontrarlo. No lo maté, no lo maté yo. Lo dejé allí, en el suelo, y lo cubrí, pero cuando regresé ya no estaba... No sé lo que sentía hasta que vi que el niño ya no estaba. Cuando lo dejé allí creí que sería fácil que alguien lo encontrara y evitase que muriera; pero cuando vi que no estaba quedé petrificada por el terror. No pensaba ya en huir. ¡Estaba tan débil! Comprendí que si huía, cuantos me vieran sabrían lo del niño. Mi corazón se volvió como una piedra. No podía desear ni intentar nada. Me parecía que podría permanecer allí para siempre y que nada cambiaría nunca. Pero vinieron y me detuvieron.

Hetty calló, pero se estremeció de nuevo, como si aún hubiese algo detrás, y Dinah esperó, pues aquel corazón estaba tan lleno que las lágrimas tenían que brotar antes que las palabras. Por fin, Hetty exclamó con un sollozo:

—Dinah, ¿crees que Dios borrará aquel grito y aquel sitio del bosque, ahora que lo he confesado todo?

—Recemos, pobre culpable: arrodillémonos de nuevo y recemos al Dios de las misericordias.[22]

No hemos hecho justicia a esta escena, pues nos hemos visto obligados a condensarla, y es en su enorme extensión en lo que George Eliot —que carece de sutileza

---

[22] Traducción de Agustín Esclasans. *(N. del T.)*

estilística— se apoya. El episodio posee sinceridad, solidez, patetismo y está impregnado de espíritu cristiano. El dios que Dinah invoca es una fuerza viva, incluso para la autora. No ha sido llamado para excitar los sentimientos del lector; es el acompañamiento natural del error y el sufrimiento humanos.

Compárenlo ahora con el siguiente pasaje de *Los hermanos Karamazov*, en que Demetrio, culpable espiritual, aunque no técnicamente, del asesinato de su padre, ha sido acusado por la justicia:

Había terminado el interrogatorio de los testigos y se comenzó a redactar de un modo definitivo todo lo actuado. Demetrio se levantó y, dirigiéndose a un rincón, donde había una gran arca cubierta con un tapete, se tumbó y se durmió al instante.

Un raro ensueño agitó su espíritu.

Viaja por la estepa, cruzando una comarca, ya conocida en sus tiempos de soldado. Lo conduce un mujik sobre una troika, a través de la fangosa llanura. Hace frío, y la nieve, en aquellos primeros días de noviembre, cae en gruesos copos licuescentes... Se acercan a una aldea, de la que, desde lejos, han descubierto las primeras itsbas, negras, muy negras, devoradas más de la mitad por un incendio, y de las que solo quedan en pie algunas vigas carbonizadas. En la carretera, a la entrada de la aldea, se congrega una multitud de mujeres flacas, descarnadas, de atezado rostro. Una de ellas —huesuda, alta, de rostro alargado y de unos veinte años, aunque aparenta más de cuarenta— tiene en sus brazos a un niño que llora. Los senos de esta mujer extenuada deben de estar secos, porque el niño llora, llora sin cesar, y tiende sus bracitos desnudos y sus manecitas azuladas por el frío.

—¿Por qué lloran? —pregunta Demetrio, pasando al galope.

—¡Quien llora es el pequeñuelo! —responde el cochero.

Demetrio se fija en que el auriga ha dicho, a su modo, como los mujiks, *pequeñuelo*, palabra que lo conmueve, que le parece más humana.

—¿Por qué llora? —se obstina en preguntar Demetrio—. ¿Por qué no abriga sus bracitos desnudos?

—¡Está aterido el pequeñuelo, y su ropita, helada, no le da calor!

—Pero ¿por qué está así? —insiste Demetrio, atónito.

—¡Porque son pobres; han ardido sus itsbas y no tienen pan!

—¡No, no! —prosigue Demetrio, como si no comprendiese—. ¿Qué hacen ahí esas infelices, tan angustiadas, con ese pequeñuelo en brazos, al que no dan de comer? ¿Por qué la estepa está desnuda? ¿Por qué esas gentes no se abrazan y entonan cánticos de alborozo? ¿Por qué esos rostros tan quemados?

Se da cuenta de que, si bien son absurdas sus preguntas, tiene razón al formularlas, y advierte que no puede contenerse; también siente que la ternura lo invade, que va a llorar; quisiera consolar al pequeñuelo, a la madre de senos agotados; enjugar las lágrimas de todo el mundo, pero en el acto, saltando todos los obstáculos, con el ardimiento de un Karamazov...

...

Su corazón se abrasa, vibra y se ilumina al resplandor de una luz lejana; quiere vivir, seguir el camino que conduce hacia esa nueva luz que lo llama.

—¿Qué me pasa? —gritó, abriendo los ojos.

Se incorporó, como si volviese de un desvanecimiento, con radiante sonrisa. Ante él está el juez, que lo invita a oír la lectura de todo lo actuado y a firmar.

Demetrio se dio cuenta de que había dormido quizá más de una hora, sin prestar atención al juez. Se sorprendió al ver sobre el arcón una almohada que cuando, extenuado, se dejó caer no vio.

—¿Quién ha sido tan bueno conmigo? —gritó con exaltación, con la voz emocionada, como si se tratase de una acción inestimable.

No supo qué buen corazón pensó en él con tanta ternura; Demetrio se conmovió hasta llorar.

—¡Señores, he tenido un hermoso sueño! —dijo con extraña voz, y como iluminado de gozo.[23]

La diferencia entre estos dos pasajes estriba en que el primer novelista es un predicador y el segundo un profeta. George Eliot habla de Dios, pero nunca cambia el foco; Dios y las mesas y las sillas están todos en el mismo plano, y, en consecuencia, no tenemos ni por un momento la sensación de que el universo entero necesite compasión y amor: solo son necesarios en la celda de Hetty. En Dos-

---

[23] Citamos la traducción de Félix Azzati. *(N. del T.)*

toievsky los personajes y las situaciones siempre representan algo más que ellos mismos; el infinito les aguarda; aunque siguen siendo individuos, se expanden para abrazarlo y lo invocan para ser abrazados; se les puede aplicar la frase de santa Catalina de Siena: Dios está en el alma y el alma en Dios, como el mar en el pez y el pez en el mar. Cada frase que escribe este autor lleva implícita esta extensión, y lo implícito es el aspecto dominante de su obra. Es un gran novelista en el sentido más amplio, es decir, sus personajes tienen relación con la vida ordinaria, viven en su propio entorno, hay incidentes que nos mantienen el interés, etcétera, pero además posee la grandeza de un profeta para el que nuestros criterios ordinarios no son aplicables.

Este es el abismo que separa a Hetty de Demetrio, aunque ambos habitan en el mismo mundo moral y mitológico. Hetty, en sí misma, es un personaje del todo suficiente, es una pobre chica llevada a confesar su crimen que, al hacerlo, se aproxima a un estado de ánimo más sereno. Pero Demetrio, en sí mismo, no es suficiente. Solo adquiere realidad por lo que lleva implícito; su estado de ánimo no tiene nada de sereno. Tomado en sí mismo nos parece deforme, desdibujado, intermitente; al principio justificamos su actitud por el agradecimiento que siente al saber que le han dado una almohada y porque se encuentra muy excitado..., algo muy propio de un ruso. No llegamos a comprenderlo hasta que vemos que se expande y que el punto donde Dostoievsky enfocaba la vista no era ese arcón de madera, ni siquiera esa tierra soñada, sino una región donde puede acompañarle el resto de la humanidad. Demetrio somos todos nosotros. Y lo mismo sucede con Aliosha y Smerdiakov. El personaje es visión profética, pero también creación del novelista. Y en este aspecto ya no somos todos nosotros; es Demetrio, como Hetty es Hetty. La extensión, la fusión, la unidad a través del amor y la misericordia se dan en una región que solo puede insinuarse por implicación y para la cual la novela tal vez sea el medio equivocado. El mundo de los Karamazov, los Mishkin y los Raskolnikov; el mundo de Moby Dick —donde pronto entraremos— no es ni un velo ni una alegoría. Es el mundo normal de la ficción, pero se remonta hacia atrás. La minúscula figura de lady Bertram, de quien hablamos hace algún tiempo —sentada en su sofá con el perrito—, puede ayudarnos en estas cuestiones más profundas. Habíamos concluido que lady Bertram era un personaje plano capaz de redondearse cuando la acción lo exigía. Pues bien, Demetrio es un personaje redondo, pero es también capaz de extenderse. No oculta nada (misticismo), ni significa nada (simbolismo); es solo Demetrio Karamazov, pero ser solo una persona en Dostoievsky supone unirse con todo el resto de la gente que hay detrás. Por eso brota de pronto ese impetuoso torrente que para mí son estas palabras finales: «Señores, he tenido un hermoso sueño». ¿Hemos tenido también nosotros ese hermoso sueño? No. Los personajes de Dostoievsky nos piden que compartamos algo más profundo que sus experiencias. Nos transmiten una sensación que solo es física en parte: la de hundirnos en un globo traslúcido y ver nuestra experiencia flotando a gran altura en la superficie; es diminuta y remota, pero es la nuestra. No hemos dejado de ser personas, no hemos renunciado a nada, pero «el mar está en el pez y el pez en el mar».

Aquí llegamos al límite de nuestro tema. No nos interesa el mensaje del profeta o, mejor dicho —ya que no cabe separar la materia de la forma—, nos interesa lo menos posible. Lo que cuenta es el acento de su voz, la canción. Hetty podría haber tenido también un hermoso sueño en la cárcel, y ello resultaría apropiado —convincente y apropiado—, pero se interrumpiría de golpe. Dinah diría que se alegraba mucho, Hetty contaría su sueño —que, a diferencia del de Demetrio, guardaría una relación lógica con la situación— y George Eliot concluiría con algún comentario comprensivo y atinado acerca de los buenos sueños en general y su efecto inexplicablemente beneficioso sobre los espíritus atormentados. Las dos escenas, los dos libros, los dos escritores, son exactamente iguales y del todo diferentes.

Se plantea ahora otra cuestión. Considerado solo como novelista, el profeta posee ciertos poderes inquietantes, así que a veces merece la pena dejarle en un salón; aun si pone en peligro el mobiliario. Puede que destruya y que deforme, pero puede que esclarezca. Como el fantasista, manipula un rayo de luz que a veces se posa sobre los objetos tan persistentemente empolvados por la mano del sentido común y los presenta más vívidamente de lo que puedan serlo jamás en la vida diaria. Este realismo intermitente impregna todas las grandes obras de Dostoievsky y de Herman Melville. Dostoievsky detalla con paciencia y precisión el desarrollo de un juicio o el aspecto de una escalera; Melville cataloga los productos que se extraen de la ballena («siempre he considerado las cosas vulgares como las más intrincadas», señala) y D. H. Lawrence describe un campo de hierba y flores o la entrada de Freemantle. En algunos momentos, los pequeños objetos del primer término parecen ser lo único que interesa al profeta; se sienta con ellos tranquilo y afanoso, como si fuera un niño que descansa entre juego y juego. ¿Qué es lo que siente durante estos lapsos de tiempo intermitentes? ¿Es otra forma de causar emoción o está tomándose un descanso? No podemos saberlo. Sin duda es lo que A. E.[24] siente cuando recorre sus queserías, o Claudel, cuando se dedica a sus obligaciones diplomáticas, pero ¿qué es? De cualquier modo, caracteriza estas novelas y les confiere algo que siempre es estimulante en una obra de arte: una superficie áspera. Cuando una obra así discurre ante nuestros ojos notamos hendiduras y estrías, protuberancias y púas que nos arrancan pequeñas exclamaciones de aprobación o desaprobación. Cuando terminamos, la aspereza se olvida y la obra se vuelve tan suave como la luna.

[24] Seudónimo del poeta irlandés George William Russell (1867-1935), que fue nombrado organizador de la Agricultural Association de sir Horace Plunkett. (*N. del T.*)

La ficción profética, pues, posee características definidas. Exige humildad y la ausencia del sentido del humor. Se remonta hacia atrás —aunque por el ejemplo de Dostoievsky no debemos concluir que siempre se remonta a la compasión y al amor— y es realista de un modo intermitente. Nos produce la sensación de una canción o de un sonido. Se distingue de la fantasía —que mira a su alrededor— en que dirige el rostro hacia la unidad. La confusión aquí es incidental, mientras que en la fantasía es fundamental: *Tristram Shandy* tiene que ser confuso, *Zuleika Dobson* tiene que cambiar constantemente de fuentes mitológicas. Además, nos da la impresión de que el profeta se *desvía* más que el escritor fantástico; se halla en un estado emocional más remoto mientras compone. No son muchos los novelistas que tengan este aspecto. Poe es demasiado incidental. Hawthorne da tantas vueltas, y tan ansiosamente, al problema de la salvación individual que no puede liberarse. Hardy, filósofo y gran poeta, podría aspirar a ello, pero sus novelas son investigaciones; no producen sonidos. El autor se recuesta hacia atrás en su asiento, pero los personajes no se remontan hacia atrás. Nos los presenta cuando levantan y dejan caer los brazos; sus sufrimientos pueden ser comparables a los nuestros pero no los amplían... En ningún caso. Jude el Oscuro no podría dar un paso adelante, como Demetrio, y desatar en nosotros una oleada de emoción diciendo: «Señores, he tenido un hermoso sueño». Y Conrad se halla en una situación semejante. Esa voz, la voz de Marlow, está demasiado lastrada de experiencias para cantar, se encuentra debilitada por los recuerdos del error y la belleza. El narrador ha visto tantas cosas que no sabe ver más que causas y efectos. El tener una filosofía, incluso una filosofía poética y emocional, como la de Hardy y Conrad, conduce a reflexiones sobre la vida y los seres. Y un profeta no reflexiona. Ni insiste. Por eso excluimos a Joyce. Joyce posee muchas cualidades afines a la profecía y ha manifestado (especialmente en el *Portrait of the Artist*) una comprensión imaginativa del mal. Pero socava el universo de una manera demasiado concienzuda; va buscando a su alrededor esta o aquella herramienta, y, a pesar de toda su dispersión interior, es demasiado estricto, nunca es impreciso, a menos que haya deliberado lo suficiente; habla y habla, pero nunca canta.

Así que, aunque tengo el convencimiento de que esta conferencia versa sobre un aspecto genuino y no espurio de la novela, solo se nos ocurren cuatro escritores que lo ilustren: Dostoievsky, Melville, D. H. Lawrence y Emily Brontë. A esta última la dejaremos para el final; de Dostoievsky ya hemos hablado; Melville constituye el centro de nuestro cuadro, y el centro de Melville lo constituye *Moby Dick*.

Siempre que lo leamos como un cuento o como un relato sobre la caza de ballenas, entreverado de pasajes poéticos, *Moby Dick* parece un libro fácil. Pero en cuanto escuchamos la canción que esconde dentro, se torna difícil e inmensamente importante. Reducido —y endurecido—

a palabras, el tema espiritual de *Moby Dick* es el de una lucha contra el mal, llevada demasiado lejos y conducida de una manera equivocada. La Ballena Blanca representa el mal, y el capitán Ahab se ve desfigurado por esa constante búsqueda hasta que su caballeresca aventura se convierte en una venganza. Esto son solo las palabras —un símbolo para el libro, si lo deseamos—, pero nos conducen a poco más que a aceptar un libro como cuento; tal vez nos remontan hacia atrás, pues pueden llevarnos a armonizar equivocadamente los incidentes privándonos de su aspereza y su riqueza. Retengamos la idea de lucha: toda acción es una batalla; la única felicidad es la paz. Pero ¿una lucha entre quiénes? Sería falso decir que entre el bien y el mal, o entre dos males irreconciliables. Lo esencial en *Moby Dick*, su canción profética, discurre como una corriente de fondo en dirección opuesta a la acción y a su aparente moralidad. Se halla fuera de las palabras. Ni siquiera al final, cuando el barco se ha hundido con el pájaro de los cielos ensartado en el mástil, y cuando el ataúd vacío, reemergiendo del torbellino, devuelve a Ishmael al mundo, ni siquiera entonces, alcanzamos a escuchar la letra de la canción. Ha habido una tensión intermitente, pero no una solución explicable; ciertamente no nos hemos remontado a la compasión y al amor universales, no existe el «Señores, he tenido un hermoso sueño».

La naturaleza extraordinaria del libro se manifiesta en dos de sus primeros incidentes: el sermón sobre Jonás y la amistad con Quiqueg.

El sermón no tiene nada que ver con el cristianismo. Exhorta a la resistencia y a la lealtad sin ofrecer la esperanza de una recompensa. El predicador, «arrodillándose ante la barandilla del púlpito, cruzó sus grandes y atezadas manos sobre el pecho, levantó los ojos cerrados y ofreció una plegaria tan profundamente devota que parecía orar postrado en el fondo del mar». Y concluye con una nota de alegría más aterradora que una amenaza:

El gozo es para aquel cuyos recios brazos todavía le sostienen cuando el navío de este vil y traidor mundo se ha hundido bajo sus pies. El gozo es para aquel que no da cuartel en la verdad, y mata, quema y destruye todo pecado, aunque tenga que sacarlo de debajo de las togas de Senadores y Jueces. El gozo, gozo hasta el tope del mástil, es para aquel que no reconoce ley ni señor sino al Señor su Dios, y que solo es patriota del Cielo. El gozo es para aquel a quien todas las olas de los mares de la multitud estrepitosa jamás pueden arrancar de su segura Quilla de las Edades. Y tendrá eterno gozo y delicia aquel que cuando repose puede decir con su último aliento: ¡Oh, Padre!, a quien reconozco, sobre todo, por su vara, mortal o inmortal, aquí muero. Me he esforzado por ser tuyo más que por ser de este mundo o por ser mío. Pero eso no es nada; te dejo a ti la eternidad; pues, ¿qué es el hombre para que viva toda la edad de Dios?[25]

[25] Traducción de José María Valverde. (N. del T.)

No creo que sea una coincidencia que el último barco que encontramos en el libro, antes de la catástrofe final, se llame El Gozo, buque de mal agüero que se ha enfrentado ya con Moby Dick, quedando destrozado. Pero ¿qué asociaciones había en la mente del poeta? Ni él ni nosotros sabríamos decirlo.

Justo después del sermón, Ishmael sella una fervorosa alianza con el caníbal Quiqueg, y, por un momento, parece que el libro se va a convertir en una saga de hermanos de sangre. Pero las relaciones humanas importan poco a Melville y, tras su grotesca y violenta entrada, Quiqueg queda casi relegado al olvido. *Casi*, pero no del todo. Hacia el final de la narración cae enfermo y le hacen un ataúd que no llega a utilizar porque se restablece. Es este ataúd, que sirve como boya salvavidas, el que salva a Ishmael del torbellino final; pero tampoco esto es una coincidencia, es una conexión no formulada que surge en la mente de Melville. *Moby Dick* está preñado de significados, pero dar con el significado total del libro plantea otro problema distinto. Es una equivocación convertir el barco El Gozo o el ataúd en símbolos, porque, aun si fuera cierto el simbolismo, silenciaría el libro. Nada se puede afirmar sobre *Moby Dick*, salvo que es una lucha. El resto es música.

Es a su concepción del mal a lo que la obra de Melville debe buena parte de su fuerza. Por regla general, en la novela el mal ha sido enfocado de manera poco convincente. Y rara vez va más allá del adulterio o logra disipar las nubes de lo misterioso. El mal, para la mayor parte de los novelistas, es sexual y social o algo muy vago para lo que se considera apropiado cierto estilo con reminiscencias poéticas. Desean que exista para que les ayude amablemente con el argumento; pero el mal, que no es amable, suele complicarles la vida con un tipo malvado: un Lovelace o Uriah Heep,[26] que hace más daño al autor que al resto de los personajes. Para encontrar un verdadero tipo malvado tenemos que referirnos a una narración de Melville, *Billy Budd*.[27]

Aun siendo un relato breve, hemos de hacer alusión a él por lo esclarecedor que resulta respecto al resto de su obra. La acción transcurre en un buque de guerra británico poco después del motín del Nore, barco teatral pero enormemente efectivo. El héroe, joven y apuesto marinero, posee una bondad entusiasta y enérgica que no puede existir a menos que haya un mal que descubrir. Él en sí mismo no es agresivo. Es la luz que tiene dentro la que se encona y explota. Exteriormente es un muchacho agradable, alegre, bastante insensible y físicamente perfecto; tiene un solo defecto: el tartamudeo que acabará por destruirle. El protagonista es

---

[26] Robert Lovelace es el protagonista masculino de *Clarissa Harlowe*. Uriah Heep, un funcionario sin escrúpulos que arruina al padre de David Copperfield. *(N. del T.)*

[27] Debo su descubrimiento y muchas otras cosas a la admirable monografía sobre Melville de John Freeman.

arrojado a un mundo rico en trampas y sutilezas contra las que de poco sirve la simple valentía... sin una pizca de fealdad defensiva; un mundo donde la inocencia de que es capaz el hombre en una crisis moral no siempre agudiza las facultades o ilumina la voluntad.

Claggart, uno de los suboficiales, reconoce en él enseguida a su enemigo: un enemigo personal, porque Claggart es un malvado. De nuevo tenemos la lucha entre Ahab y Moby Dick, aunque los papeles están asignados con mayor claridad y nos hallamos más lejos de la profecía y más cerca de la moral y el sentido común. Pero no mucho más cerca. Claggart no se asemeja a ningún otro malvado.

La depravación natural... posee ciertas virtudes negativas que actúan como silenciosos auxiliares... No sería aventurado decir que se produce sin vicios ni pequeños pecados. Existe en ella un orgullo prodigioso que la excluye de todo lo mercenario o avaricioso. En suma, la depravación a que nos referimos no participa de nada sórdido o sensual. Es temible, pero carece de acritud.

Claggart acusa a Billy de intentar amotinar el barco. El cargo que se le imputa es ridículo, pero resulta ser fatal. Cuando el muchacho es llevado a declarar su inocencia, se encuentra tan atenazado por el horror que no puede hablar, siente que el ridículo tartamudeo se apodera de él y explota en su interior esa fuerza de que hemos hablado. Derriba al difamador, lo mata y es condenado a la horca.

Billy Budd es un suceso sobrenatural y remoto, pero es una canción con palabras; debe leerse por su belleza intrínseca y como introducción a obras más difíciles. El mal ya no surca los océanos de un lado a otro del mundo: es clasificado y personificado. El espíritu de Melville puede observarse con más facilidad, y advertimos que su temor está libre de una preocupación personal; así que después de compartirlo, en lugar de empequeñecernos, crecemos. El autor no posee ese pequeño y fastidioso receptáculo —la conciencia— que a menudo nos aburre en escritores serios, incurriendo en sus defectos: la conciencia de Hawthorne o de Mark Rutherford. Melville —tras la aspereza inicial de su realismo— se remonta directamente a lo universal, a una negrura y una tristeza que de tal manera trascienden la nuestra que no se distinguen de la gloria. Dice: «En ciertos estados de ánimo, ningún hombre puede sopesar este mundo sin añadir algo —algo parecido, en cierto modo, al pecado original— que rompa el inestable equilibrio». Él añadió ese algo indefinible, el equilibrio se restableció y nos trajo armonía y una salvación temporal.

No es sorprendente que D. H. Lawrence haya escrito dos profundos estudios sobre Melville, ya que el propio Lawrence es, por lo que sabemos, el único novelista profético existente hoy en día. Todos los demás son escritores fantásticos o predicadores: él es el único novelista vivo en cuyos libros predomina la canción, el único que posee la arrebatada cualidad bárdica. No se le puede criticar, pero invita a las críticas porque también es un predicador —es este aspecto secundario lo que le hace tan difícil y engañoso—, un predicador excesivamente inteligente que sabe cómo crisparles los nervios a los concurrentes. Nada es más desconcertante que estar sentado, por así decirlo, ante el profeta y recibir de pronto una patada en la boca del estómago. «Que me aspen si me queda algo de humildad después de esto», exclamará usted, y con ello queda expuesto a nuevos sermones. Por otra parte, el tema de su prédica es excitante —denuncias incendiarias y consejos relativos a la sexualidad—, y al final uno no sabe si es bueno o malo tener un cuerpo y solo estamos seguros de la propia futilidad. Esta intimidación y la melosa dulzura con que reacciona el propio intimidador ocupan el primer plano de la obra de Lawrence; pero su grandeza reside muchísimo más atrás y no se basa —como la de Dostoievsky— en el cristianismo ni —como la de Melville— en una lucha, sino en algo estético. La voz es la de Balder,[28] aunque las manos sean las de Esaú. El profeta irradia naturaleza desde su interior; así que cada color está en incandescencia y cada forma posee una claridad que no se podría obtener de otro

[28] Balder o Baldur es el hijo de Odín y de Frigga (o Fraga). En la mitología escandinava representa el bien, la belleza y la luz. *Balder* es también el título de un poema de S. T. Dobell. *(N. del T.)*

modo. Tomemos una escena que siempre queda grabada en la memoria: esa noche en *Women in Love* en que uno de los personajes está lanzando piedras al agua para romper la imagen de la luna. No importa por qué las lanza ni qué simboliza la escena. Pero el escritor no podía conseguir esa luna y esa agua de otra manera; las logra precisamente por ese sendero que les confiere más belleza que cualquier otro que podamos imaginar. Es el profeta en el punto de partida, de nuevo en el punto donde nosotros le esperábamos, junto al estanque, pero con un poder de recreación y de evocación que nunca poseeremos.

Ser humilde no es fácil con este autor irritable e irritante, porque cuanto más humildes somos, más se crece. Pero ignoramos de qué otra manera podemos leerle. Si nos ofende su obra o nos burlamos de ella, no tendremos acceso al tesoro que esconde, y lo mismo ocurre si le obedecemos. Su valor no puede expresarse en palabras: es el color, el gesto y la silueta de las gentes y de las cosas, las herramientas habituales del novelista, pero evolucionadas mediante un proceso tan diferente que pertenecen a un nuevo mundo.

¿Y Emily Brontë? ¿Por qué hemos incluido aquí a *Wuthering Heights*? Es una historia de seres humanos; no contiene una visión del universo.

Mi respuesta es que las emociones de Heathcliff y Catherine Earnshaw se desenvuelven de una manera diferente a otras emociones en la ficción. En lugar de vivir en los personajes, los rodean como nubes de tormenta, provocando ese tronar que domina la novela desde el momento en que Lockwood sueña, con la mano en la ventana, hasta que Heathcliff, con la misma ventana abierta, es encontrado muerto. *Wuthering Heights* está cargado de sonidos —tempestad y vientos impetuosos—, un sonido más importante que las palabras y los pensamientos. Y, a pesar de la grandeza de la novela, uno, al terminarla, no recuerda más a Heathcliff y a Catherine, la hermana mayor. Ellos desencadenan la acción con su separación y la concluyen en su reencuentro después de la muerte. No nos sorprende que «caminen». ¿Qué otra cosa podían hacer estos seres? Incluso cuando estaban vivos, su amor y su odio les trascendían.

Pero Emily Brontë tenía, en ciertos aspectos, una mente literal y cuidadosa. Construyó su novela sobre un esquema cronológico aún más elaborado que los de Jane Austen, estructuró a las familias Linton y Earnshaw simétricamente y poseía una idea clara de los diferentes procedimientos legales que Heathcliff tenía que seguir para obtener la posesión de las dos propiedades.[29] ¿Por qué entonces introdujo deliberadamente la confusión, el caos, la tempestad? Porque era, en el sentido que damos a esta palabra, una profetisa; porque lo implícito es para ella más importante que lo explícito, y solo en la confusión podían Heathcliff y Catherine exteriorizar su pasión

[29] Véase el acertado y brillante ensayo *The Structure of Wuthering Heights*, de C. P. Sanger (Hogarth Press).

hasta que desbordara la casa y los páramos. En *Wuthering Heights* no hay más mitos que los que proporcionan estos dos personajes; no existe otra gran obra que esté más separada de los universales del Cielo y el Infierno. Es local, como los espíritus que engendra, y mientras que podemos encontrar a Moby Dick en cualquier estanque, a ellos solo los encontraremos entre las campánulas y la piedra caliza de su comarca.

Una observación para terminar. En el fondo de nuestra mente acecha siempre una reserva ante el hecho profético, reserva que unos sentirán con más fuerza y otros no tendrán en absoluto. La fantasía nos ha pedido pagar algo extra, y ahora la profecía nos pide humildad e incluso, para que no nos riamos disimuladamente ante una tragedia que se llama *Billy Budd*, una suspensión del sentido del humor. Es preciso, sin duda, dejar a un lado la visión única que proyectamos sobre la mayor parte de la literatura y de la vida, y que hemos estado tratando de aplicar durante la mayor parte de nuestra investigación, y hacernos con otro equipo de herramientas. ¿Estamos en lo cierto? Otro profeta, Blake, no tenía dudas al respecto:

> *¡Que Dios nos aparte*
> *de la Visión Única y del sueño de Newton!*,

exclamaba, y ha pintado al propio Newton, que, con un par de compases en la mano, dibuja un miserable triángulo, dando la espalda a las magníficas e inmensurables vegetaciones acuáticas de *Moby Dick*. Pocos estarán de acuerdo con Blake. Aún menos estarán de acuerdo con esta visión de Newton que da Blake. La mayoría de nosotros seremos eclécticos, de este lado o de aquel, según nuestro temperamento. La mente humana es un órgano que carece de dignidad, e ignoro cómo podemos ejercitarla sinceramente si no es a través del eclecticismo. El único consejo que brindo a mis colegas eclécticos es: «No os enorgullezcáis de vuestra inconsecuencia. Es una lástima; es lástima estar así pertrechados. Es una lástima que el Hombre no pueda ser al mismo tiempo impresionante y veraz».

Para las primeras cinco conferencias de este curso hemos utilizado, más o menos, la misma clase de herramientas. En este caso y en el anterior nos hemos visto obligados a dejarlas. La próxima vez las volveremos a usar, pero sin ninguna certeza de que sean el mejor instrumental para un crítico, ni de que exista siquiera tal instrumental.

VIII. Forma y ritmo

Nuestros interludios —uno alegre y otro grave— han terminado y volvemos al esquema general del curso. Habíamos comenzado hablando de la historia y, tras referirnos a los seres humanos, pasamos al argumento, que surge de la historia. Ahora vamos a examinar un aspecto que surge principalmente del argumento y al que contribuyen también los personajes y cualquier otro elemento presente. Parece no haber un término literario para designar este nuevo aspecto; pero como es un hecho que cuanto más se desarrollan las artes más dependen unas de otras para definirse, recurriremos a la pintura y lo llamaremos *forma*.[30] Después tomaremos prestada la palabra de la música y hablaremos de *ritmo*. Por desgracia, los dos términos son vagos; cuando la gente aplica *ritmo* y *forma* a la literatura es probable que no consigan expresar lo que quieren decir y no puedan terminar sus frases. Hay dos posibilidades: «Ya, pero sin duda el ritmo...». O bien: «No sé, pero llamar *forma* a eso...».

[30] *Pattern*, en inglés. *(N. del T.)*

Antes de hablar de lo que entraña la *forma* y las cualidades que un lector debe emplear para apreciarla, daré dos ejemplos de libros con formas tan definidas que pueden resumirse con una imagen pictórica: un libro con forma de reloj de arena y otro con forma de encadenamiento, como el antiguo baile de los Lanceros.

Thaïs, de Anatole France, tiene forma de reloj de arena.

Hay dos personajes principales, Paphnuce, el asceta, y Thaïs, la cortesana. El primero vive en el desierto, está salvado y es feliz cuando comienza el libro. Thaïs lleva una vida de pecado en Alejandría y es un deber de Paphnuce el salvarla. En la escena central del libro los dos se encuentran y Paphnuce logra su propósito: Thaïs se retira a un monasterio y obtiene la salvación gracias a él; sin embargo, este se condena por conocer a Thaïs. Los dos personajes convergen, se cruzan y retroceden con precisión matemática. En buena parte, el libro nos gusta por esto. Tal es la forma de *Thaïs*..., tan simple, que nos sirve de excelente punto de partida para acometer un difícil examen. La *forma* coincide con la *historia* de *Thaïs* —en que los acontecimientos se desenvuelven en su secuencia temporal— y coincide con el *argumento* cuando observamos que los dos personajes, atados por sus anteriores acciones, toman medidas fatales cuyas consecuencias no prevén. Pero, en tanto que la historia apela a nuestra curiosidad y el argumento a nuestra inteligencia, la forma apela a nuestro sentido estético, nos hace ver el libro en su conjunto. No lo vemos como un reloj de arena —esto pertenece a la tosca jerga de la sala de conferencias, que, a estas alturas de nuestra investigación, nunca debe tomarse al pie de la letra—; simplemente sentimos un placer cuyo origen desconocemos, y cuando el placer ha pasado, como ahora, nuestra mente queda libre para explicarlo y podemos servirnos como ayuda de ese símil geométrico. Si no fuese por ese reloj, ni la historia, ni el argumento, ni Thaïs, ni Paphnuce ejercerían su fuerza plena; ninguno de ellos respiraría como lo hace. La forma, que parece tan rígida, está conectada con la atmósfera, algo bastante fluido.

Veamos ahora el libro con forma de encadenamiento: *Roman Pictures*, de Percy Lubbock.

Roman Pictures es una comedia social. El narrador es un turista que visita Roma; allí se encuentra a Deering, un conocido, buena persona, que le reprende desdeñosamente por dedicarse a mirar iglesias y le sugiere que explore la sociedad. El protagonista sigue obedientemente su consejo y va pasando de una persona a otra: cafés, estudios de artistas, los recintos del Vaticano y los del Quirinal son recorridos, hasta que, finalmente, cuando cree haber llegado al final de su periplo, en un *palazzo* sumamente aristocrático y derruido, se encuentra nada más y nada menos que a su amiguete Deering. Es sobrino de la anfitriona, pero lo había ocultado por un complicado esnobismo. El círculo se cierra, los compañeros originales se reúnen y se saludan con confusión mutua que desemboca en ligeras carcajadas.

Lo acertado de *Roman Pictures* no es la presencia del esquema de encadenamiento —está al alcance de cualquier escritor—, sino su adecuación, el estado de ánimo del autor. Lubbock impregna toda la obra de una serie de pequeños impactos y trata a sus personajes con una rebuscada caridad que les hace aparecer bastante peores que si no desperdiciara en ellos ninguna. Es una atmósfera cómica, pero «sub-ácida», meticulosamente medida. Y, al final, descubrimos con satisfacción que la atmósfera se exterioriza y que los dos compañeros, al encontrarse en el salón de la *marchesa*, han hecho exactamente lo que exigía el libro, lo que requería desde el principio: reunir todos los incidentes dispersos con un hilo tejido de su propia sustancia.

Thaïs y *Roman Pictures* proporcionan dos ejemplos fáciles de forma; pero no es frecuente la posibilidad de comparar libros con objetos pictóricos con una mínima precisión; aunque haya ciertos críticos que no saben lo que quieren decir, que hablan alegremente de curvas, etcétera. De momento solo podemos afirmar que la forma es un aspecto estético de la novela y que, aunque puede nutrirse de cualquier cosa, de cualquier elemento de la novela —personajes, escenas, palabras—, se nutre sobre todo del argumento. Ya señalamos al hablar de este que añadía sobre sí mismo la calidad de la belleza —una belleza un poco sorprendida de su propia llegada—; que sobre su limpia carpintería, quienes se molestaran en mirar podrían contemplar la figura de la musa, y que la Lógica, cuando terminó de erigir su propia casa, sentó los cimientos de otra. Este es el punto donde ese aspecto que denominamos *forma* se halla en contacto más íntimo con su material, y este será nuestro punto de partida. Surge en gran medida del argumento, lo acompaña como una luz a las nubes y permanece visible después de que ellas han partido. La belleza a veces conforma al libro, al libro en su conjunto, a la unidad; y nuestro examen resultaría más fácil si esto siempre fuera así. Mas, a veces, no lo es. Cuando no lo es hablaremos de *ritmo*. Pero, por el momento, nos interesa solamente la forma.

Examinemos con cierto detalle otro libro de tipo rígido, con unidad, y en este sentido un libro fácil, aunque pertenezca a Henry James. En él veremos el triunfo de la forma, y también los sacrificios que un autor debe hacer si desea que triunfe.

The Ambassadors, como *Thaïs*, tiene forma de reloj de arena. Strether y Chad, como Paphnuce y Thaïs, intercambian sus papeles, y, al final, cuando lo advertimos, es cuando el libro nos resulta más satisfactorio. El argumento es complicado y subjetivo y se desarrolla en cada párrafo mediante la acción, la conversación o la meditación. Todo está planeado, todo encaja en su lugar: no existen personajes secundarios que, como los habladores alejandrinos del banquete de Micias, sean solamente decorativos; todos contribuyen al tema central, trabajan.

El efecto final está establecido de antemano, pero se manifiesta gradualmente ante el lector, y cuando se produce, el logro es completo. Tal vez olvidemos los detalles de la intriga, pero la simetría que se crea es permanente. Tracemos el crecimiento de esta simetría.[31]

El norteamericano Strether, hombre maduro y sensible, es enviado a París por su vieja amiga la señora Newsome —con quien espera casarse— con la misión de hacer regresar a su hijo Chad, que se está maleando en dicha ciudad, tan propia para ello. Los Newsome son una familia de comerciantes que ha hecho fortuna manufacturando un pequeño artículo de uso doméstico. Henry James nunca especifica en qué consiste este pequeño artículo, y dentro de un momento comprenderemos por qué. Wells lo dice claramente en *Tono-Bungay*, Meredith también en *Evan Harrington*, Trollope lo explica sin tapujos al hablar de la señorita Dunstable...; pero, para James, el indicar cómo amasaron su fortuna sus personajes... no sirve. El artículo es innoble, ridículo, y eso basta. Si usted quiere caer en la vulgaridad de atreverse a imaginarlo, de pensar que es, por ejemplo, un abrochador, allá usted, lo hace corriendo su propio riesgo; el autor permanece al margen.

Bien, sea lo que sea, Chadwick Newsome debería haber vuelto para ayudar a producir dicho artículo, y Strether

---

[31] Existe un análisis magistral de *The Ambassadors*, desde otro punto de vista, en *The Craft of Fiction*.

se propone ir a recogerle. Es preciso rescatarle de una vida inmoral, a la par que poco remuneradora.

Strether es un personaje típico de James: reaparece en casi todos los libros y constituye una parte esencial de su construcción. Es el observador que trata de influir en la acción y que, en virtud de su fracaso, obtiene nuevas oportunidades de observación. Los demás personajes son los que un observador como Strether es capaz de observar a través de unas lentes facilitadas por un oculista quizá demasiado fino. Todo está ajustado a su visión, pero no es un quietista, esa es la fuerza del mecanismo; nos lleva con él, nos movemos.

Cuando desembarca en Inglaterra —y un desembarco es una experiencia exaltada y duradera tan importante como Newgate para Defoe; la poesía y la vida se polarizan en torno al desembarco—; cuando desembarca, decimos, aunque solamente se trata de la vieja Inglaterra, Strether empieza a sentir dudas sobre su misión; dudas que se acrecientan al llegar a París. Porque Chad Newsome, lejos de haberse maleado, ha mejorado. Es distinguido, y tan seguro de sí mismo que sabe ser amable y cordial con el hombre que trae órdenes de llevárselo; sus amigos son exquisitos, y por lo que se refiere a las «mujeres del caso» que su madre había anticipado, no hay ni rastro de ellas. Es París lo que le ha engrandecido y redimido..., y ¡qué bien comprende esto el propio Strether!

Su enorme desasosiego parecía nacer de la posible idea de que una aceptación de París, por mínima que fuera, podría mermar su autoridad. La vasta y resplandeciente Babilonia flotaba ante él aquella mañana como un objeto inmenso e iridiscente, una joya dura y brillante donde no se discriminarían las partes ni se señalarían fácilmente las diferencias. Centelleaba, tremolaba y se derretía toda, y lo que un momento parecía ser superficie, un instante después parecía profundidad; era un lugar al que, sin duda, Chad había cogido cariño. Así las cosas, si a él, Strether, le gustaba hasta aquel extremo, ¿qué sería de ellos existiendo ese vínculo?

Con esta exquisita firmeza de trazos presenta James su ambiente. París irradia el libro del principio al fin, es un personaje, aunque siempre incorpóreo: es la escala con referencia a la cual se mide la sensibilidad humana. Cuando terminamos de leer la novela y dejamos que sus incidentes se desdibujen para que aparezca ante la vista su *forma* con mayor claridad, vemos a París reluciente en el centro del reloj de arena. París. No algo tan crudo como el bien o el mal. Strether lo ve y nota que Chad lo ve, y cuando se alcanza este punto, la novela cambia de rumbo. Después de todo hay una «mujer del caso»: detrás de París, interpretándolo para Chad, está la adorable y elevada figura de madame de Vionnet. Ahora es imposible para Strether proseguir. Todo lo que existe de noble y refinado en la vida se cristaliza en torno a madame de Vionnet y se ve acentuado por su patetismo. La dama le suplica que no se lleve a Chad. Strether lo promete —sin reticencia, pues su corazón le ha enseñado ya esto— y permanece en París, no para combatirlo, sino para luchar en su favor.

Porque la segunda tanda de embajadores ha arribado ya desde el Nuevo Mundo. La señora Newsome, enfadada y perpleja por la impropia tardanza, ha enviado a París a la hermana de Chad, a su hermano político y a Mamie, la muchacha con quien se supone que aquel iba a casarse. La novela, dentro de sus ordenados límites, se vuelve sumamente divertida. Se produce un magnífico enfrentamiento entre la hermana de Chad y madame de Vionnet, en tanto que Mamie... Aquí tenemos a Mamie vista por los ojos de Strether.

> Cuando era una niña, cuando no era sino un «capullo», y más tarde flor en cierne, Strether había presenciado el florecimiento de Mamie, sin cumplidos, en las puertas casi siempre abiertas de su casa, donde la recordaba, primero entre las avanzadas, luego muy rezagada —pues en cierta época él había impartido, en el saloncito de la señora Newsome..., un curso de literatura inglesa jalonado por exámenes y meriendas—, y por último, muy adelantada. Pero él no recordaba haber tenido con ella muchos puntos de contacto, pues en Woollett el que la más fresca de las flores se encontrase en el mismo cesto que las manzanas más estropeadas no formaba parte de la naturaleza de las cosas. Pese a todo, allí sentado con la encantadora joven, sentía crecer dentro de sí notablemente la confianza.

Porque, dicho todo lo anterior, Mamie *era* encantadora, y no lo era menos por el ostensible ejercicio y hábito de la libertad y del aplomo. Era encantadora, Strether lo advertía, aunque si no se lo pareciera habría estado en peligro de describirla como «divertida». Sí, era divertida la maravillosa Mamie, sin imaginarlo siquiera. Era afable, nupcial —sin que, por lo que él sabía, hubiera un novio que lo justificase—, hermosa, corpulenta, desenvuelta, locuaz, agradable y dulce, y, casi, desconcertantemente tranquilizadora. Vestía, si se nos permite establecer esta distinción, más al estilo de una anciana dama que al de una joven, si suponemos que Strether pudiera atribuir a una señora mayor tal apego a la vanidad. Además, las complicaciones de su peinado carecían de la ligereza de la juventud, y tenía un gesto maduro de inclinarse un poquito, como para estimular y premiar al interlocutor, mientras se cogía con cuidado sus sorprendentemente finas manos. Todo lo cual, combinado, mantenía en torno a ella el encanto de su «recepción», volvía a situarla a perpetuidad entre las ventanas y rodeada del ruido de las bandejas de helado. Sugería la enumeración de todos aquellos nombres..., gregarios especímenes de un tipo único que ella se alegraba de conocer.

Mamie es otro tipo de Henry James; en casi todas sus novelas hay un ejemplo: la señora Gereth en *The Spoils of Poynton*, por ejemplo, o Henrietta Stackpole en *The Portrait of a Lady*. Henry James es estupendo para indicar al instante y recordarnos siempre que un personaje es un segundón, que carece de sensibilidad y adolece de una mundanidad mal entendida; confiere a estos personajes tal vitalidad que su carácter absurdo resulta delicioso.

Así que Strether cambia de bando y abandona toda esperanza de casarse con la señora Newsome; París gana la partida. Entonces descubre algo nuevo. ¿No está acabado Chad en lo que se refiere a su elegancia interior? Ese París de Chad, ¿no es después de todo una ciudad de jarana? Sus temores se ven confirmados. Emprende un paseo solitario por el campo, y al final de la jornada descubre a Chad con madame de Vionnet. Están en una barca y fingen no verle: su relación, en el fondo, es una aventura corriente y normal y ellos se sienten avergonzados. Pretendían pasar juntos el fin de semana, sin que se supiera, en una posada mientras su pasión sobrevive; porque no sobrevivirá. Chad se cansará de la exquisita francesa; ella solo forma parte de su diversión; volverá con su madre, continuará fabricando el pequeño artículo doméstico y se casará con Mamie. Todos lo saben y Strether lo descubre, aunque tratan de ocultarlo; mienten, son vulgares... Incluso madame de Vionnet, incluso su patetismo, está manchado de vulgaridad.

Era como un escalofrío para él, producía espanto casi, que una criatura tan delicada fuera, en virtud de fuerzas misteriosas, una criatura tan explotada. Pues, en último término, eran misteriosas; ella había convertido a Chad en lo que era: así pues, ¿cómo podía pensar que lo había vuelto infinito? Le había mejorado, le había mejorado al máximo, le había hecho como ningún otro; pero, a pesar de todo, pensaba nuestro amigo con profunda extrañeza, no era más que Chad... La obra, por admirable que fuera, era, sin embargo, de índole estrictamente humana. En suma, resultaba maravilloso que aquel compañero de placeres meramente mundanos, de comodidades, de aberraciones —comoquiera que se las designase— dentro de la experiencia normal, fuese valorado de manera tan trascendental...

Aquella noche le pareció más anciana, menos inmune al paso del tiempo; pero seguía siendo, como siempre, la criatura más fina y delicada, la aparición más maravillosa que le había sido dado conocer en toda su vida; y, sin embargo, la veía allí, presa de una preocupación vulgar. A decir verdad, se asemejaba a una criada que llora por su apuesto galán. Con la diferencia de que ella se juzgaba a sí misma como no lo haría la criada, y la debilidad de su sabiduría, lo deshonroso de su juicio, parecían hundirla todavía más.

De modo que también Strether los pierde. Así lo expresa: «Esta, como veis, es mi única lógica. El no haber sacado nada para mí de todo el asunto». No es que ellos hayan retrocedido moralmente. Es que él ha seguido adelante. El París que le habían revelado podría mostrárselo ahora a ellos si tuvieran ojos para ver, porque la ciudad posee una finura mayor de la que jamás hubieran podido captar por sí mismos; la imaginación de Strether posee más valor espiritual que la juventud de ellos. La forma del reloj de arena se completa: él y Chad han cambiado de papel, pero con pasos más sutiles que Thaïs y Paphnuce y con una luz celeste que no procede de la bien iluminada Alejandría, sino de esa joya que «centelleaba, tremolaba y se fundía toda, y lo que un momento parecía ser superficie, un instante después parecía profundidad».

La belleza que impregna *The Ambassadors* es la recompensa que se merece un gran artista después de un duro trabajo. James sabía exactamente lo que quería, eligió el estrecho camino del deber estético y se vio coronado por el éxito en toda la extensión de sus posibilidades. La forma se ha ido entretejiendo a sí misma con modulación y una reserva que Anatole France nunca conseguiría. Pero ¡a qué precio!

Tan exorbitante es el precio, que muchos lectores, aunque pueden seguir el hilo de lo que dice (se ha exagerado mucho su dificultad) y apreciar sus efectos, no llegan a interesarse en James. No pueden aceptar su premisa de que la mayor parte de la vida humana tiene que desaparecer para que él haga una novela.

En primer lugar, James posee un elenco muy limitado de personajes. Hemos mencionado ya dos: el observador que trata de influir en la acción y la intrusa de segunda categoría (a quien, por ejemplo, se encomienda todo el brillante comienzo de *What Maisie Knew*). Luego está el fracasado compasivo, tipo muy vivaz y frecuentemente femenino (en *The Ambassadors*, María Gostrey desempeña este papel), y la maravillosa e insólita heroína, a quien madame de Vionnet se aproxima y que se encarna plenamente en Milly, de *The Wings of the Dove*. Hay a veces un malvado, a veces un artista joven con impulsos generosos, y esto es más o menos todo. Para tan grande novelista no es gran cosa.

En segundo lugar, los personajes, además de ser escasos en número, están trazados con líneas muy someras. Son incapaces de divertirse, de moverse con rapidez, de carnalidad y de una pizca de heroísmo. No se despojan de sus ropas, y las enfermedades que les aquejan son anónimas, como sus fuentes de ingresos; sus criados son silenciosos o se parecen a ellos mismos; no conocemos una explicación social del mundo que les sirva, porque en su mundo no hay gente estúpida, ni barreras idiomáticas, ni pobres. Incluso sus sensaciones son limitadas. Desembarcan en Europa, contemplan obras de arte, se miran unos a otros, pero eso es todo. En las páginas de Henry James solo pueden respirar criaturas mutiladas; mutiladas, pero especializadas. Nos recuerdan a esas exquisitas deformidades que plagaban el arte egipcio en la época de Akenatón: enormes cabezas y piernas minúsculas que forman, sin embargo, figuras fascinantes. En el siguiente reinado desaparecieron.

Ahora bien, esta reducción radical, tanto en el número de seres humanos como en sus atributos, se hace en aras de la forma. Cuanto más trabajaba, más convencido estaba James de que una novela debía ser un todo —aunque no necesariamente geométrico, como *The Ambassadors*—, que debía crecer a partir de un solo tema, situación o gesto; que debía ocupar a los personajes, proporcionar el argumento y también cerrar la novela desde fuera: pescar sus afirmaciones desperdigadas en una red, darles cohesión como un planeta y atravesar velozmente el firmamento de la memoria. Una forma debía surgir, pero todo lo que surgiera de ella debía ser podado por considerarse una distracción desenfrenada. Pero ¿qué hay más desenfrenado que el ser humano? Introduzcamos a Tom Jones o a Emma, o incluso al señor Casaubon, en un libro de Henry James y lo reduciremos a cenizas; en cambio, si introducimos a estos personajes en otros libros, no provocarán más que una combustión parcial. Solo los personajes de Henry James encajan en los libros de Henry James, y aunque no estén muertos —porque el autor sabe explorar muy bien ciertos recovecos selectos de la experiencia—, sus personajes carecen del contenido que normalmente hallamos en los de otros libros y en nosotros mismos. Y esta mutilación no se hace en aras del Reino de los Cielos, porque en sus novelas no hay filosofía, ni religión —excepto algún que otro toque de superstición—, ni profecía, ni el menor provecho para lo sobrenatural. Se hace por buscar un efecto estético concreto, que ciertamente se obtiene, pero a un precio muy elevado.

H. G. Wells ha ilustrado esta idea con humor y quizá con profundidad. En *Boon*, uno de sus libros más animados, pensaba sobre todo en Henry James y escribió una magnífica parodia suya.

> James *empieza* dando por sentado que una novela es una obra de arte y debe ser juzgada por su unidad. Alguien le inculcó esa idea al comienzo de los tiempos y él nunca la ha descubierto. No descubre cosas. Ni siquiera parece querer descubrir cosas... Acepta rápidamente, y luego... se explica... Los únicos motivos humanos vivos que quedan en las novelas de Henry James son una cierta avidez y una curiosidad enteramente superficial... Sus gentes van asomando su desconfiada nariz, reuniendo un indicio tras otro, atando un cabo tras otro. ¿Han visto a algún ser humano que haga esto? El tema sobre el que versa la novela está siempre ahí. Es como una iglesia iluminada, sin feligreses que te distraigan, cuyas luces y líneas convergen todas en el gran altar. Y sobre él, depositado con suma reverencia, intensamente presente, hay un gatito muerto, una cáscara de huevo, un trozo de cuerda... Como en su «Altar de los Muertos», donde no hay nada en absoluto para los muertos... Porque si lo hubiera, no podría haber velas, y el efecto se desvanecería.

Wells le regaló *Boon* a James pensando, al parecer, que al maestro le agradaría tanto como a él su sinceridad y honradez. Pero el maestro no quedó nada satisfecho, y a raíz de ello se produjo una interesante correspondencia.[32] James se muestra cortés, evocador, desconcertado, profundamente agraviado y verdaderamente formidable: reconoce que la parodia no «le ha colmado de cariñoso júbilo», y termina lamentándose de poder solo despedirse con un «... suyo afectísimo, Henry James». Wells está también desconcertado, pero de otro modo; no entiende por qué se ha disgustado. Pero, más allá de la comedia personal, surge la gran importancia literaria del asunto. Se plantea la cuestión de la aplicación de una *forma* rígida: reloj de arena, encadenamiento, líneas convergentes de una catedral, líneas divergentes de una rueda catalina, lecho de Procrusto..., la imagen que ustedes quieran con tal que implique unidad. ¿Puede ello compaginarse con la inmensa riqueza de materiales que la vida ofrece? Wells y James estarían de acuerdo en que no; Wells diría además que debe darse preeminencia a la vida, que no debe cercenarse o dilatarse por culpa de la forma. Mis propios prejuicios me sitúan del lado de Wells. Las novelas de James son bienes únicos, y el lector que no sabe aceptar sus premisas se pierde sensaciones valiosas y exquisitas. Pero no queremos más novelas suyas —especialmente si están escritas por otra persona—, de la misma manera que tampoco queremos que el arte de Akenatón se extienda al reinado de Tutankamón.

Se advierte, pues, la desventaja de una forma rígida. Puede exteriorizar la atmósfera o surgir de modo natu-

---

[32] Véase *Letters of Henry James*, vol. 2.

ral del argumento, pero cierra las puertas a la vida y deja al novelista haciendo ejercicios, generalmente en el salón. La belleza está ahí, mas se viste con un atuendo demasiado tiránico. En las obras de teatro —en las de Racine, por ejemplo— quizás esté justificada, porque puede ser una gran emperadora en el escenario y compensar la pérdida de los seres humanos que conocíamos. Sin embargo, en la novela, a medida que su tiranía se hace mayor, se vuelve más mezquina y causa pesares que a veces toman la forma de libros como *Boon*. Dicho de otro modo, la novela no admite un desarrollo artístico tan grande como la obra de teatro: su humanidad o la crudeza de su material —elijan la frase que prefieran— suponen una verdadera rémora. Para la mayoría de los lectores de novelas, la sensación que experimentan ante la *forma* no es tan intensa que justifique los sacrificios que cuesta; así que su veredicto es: «Hermoso el resultado, pero no merece la pena».

No es este, empero, el final de nuestra indagación. No abandonaremos todavía la esperanza de la belleza. ¿No podemos introducirla en la novela mediante otro sistema que no sea la forma? Avancemos un poco más, y con timidez, hasta la idea de *ritmo*.

El ritmo a veces resulta bastante fácil. La *Quinta sinfonía* de Beethoven, por ejemplo, empieza con ese ritmo de *tatata-tán* que todos podemos escuchar y seguir con el pie. Pero la sinfonía, en su conjunto, posee además un ritmo —basado principalmente en la relación entre sus movimientos— que algunas personas saben escuchar, pero nadie puede seguir con los pies. Esta segunda clase de ritmo es difícil, y solo un músico podrá decir si es sustancialmente el mismo que el primero. No obstante, lo que un hombre de letras como yo quiere señalar es que esa primera clase de ritmo, el *tatata-tán*, puede hallarse en algunas novelas embelleciéndolas. Del otro ritmo, el difícil, el de la *Quinta sinfonía* en su conjunto..., no podemos citar un paralelismo en la novela, pero es también posible que exista.

El tipo de ritmo más sencillo es ilustrado por la obra de Marcel Proust.

La última parte de la obra de Proust no ha sido todavía publicada, pero sus admiradores afirman que, cuando salga a la luz, cada cosa quedará en su lugar, el tiempo perdido será recuperado y precisado y resultará un todo perfecto. No lo creo. La obra se nos antoja una confesión progresiva más que estética; en la elaboración de Albertine el autor parece cansado. Cabe esperar alguna novedad, pero nos sorprendería tener que revisar nuestra opinión con respecto a todo el libro. La obra es caótica, está mal construida y no posee ni poseerá forma exterior; sin embargo, mantiene su cohesión porque está hilvanada interiormente, porque contiene ritmos.

Existen varios ejemplos —la fotografía de la abuela es uno de ellos—, pero el más importante desde el punto de vista de la unidad es la «pequeña frase» musical de Vinteuil. Dicha frase contribuye más que ningún otro elemento —más incluso que los celos que sucesivamente destruyen a Swann, al protagonista y a Charlus— a hacernos sentir que nos hallamos en un mundo homogéneo. Oímos el nombre de Vinteuil por primera vez en circunstancias odiosas. El músico, un oscuro organista de provincias, ha muerto y su hija se dedica a denigrar su recuerdo. La horrible escena proyectará sus repercusiones en varios sentidos, pero de momento queda atrás.

Más tarde nos encontramos en un salón de París. Están interpretando una sonata de violín, y a oídos de Swann llega una breve frase musical del andante que se desliza dentro de su vida. La melodía está siempre viva, pero adopta diversas formas. Durante algún tiempo será testigo de los amores de Swann con Odette. La relación fracasa, la frase cae en el olvido y también nosotros la olvidamos. Luego, cuando Swann se halla destrozado por los celos, vuelve a aparecer; ahora es testigo de su sufrimiento y también de su pasada felicidad sin perder su carácter divino. ¿Quién escribió esa sonata? Al oír que es obra de Vinteuil, Swann dice: «Yo conocí a un pobre organista que se llamaba así... No pudo ser él». Pero es él, y fue precisamente la hija de Vinteuil y su amigo quienes la transcribieron y publicaron.

Esto parece ser todo. La pequeña frase vuelve a cruzar el libro una y otra vez, pero es como un eco, como un recuerdo; aunque nos gusta encontrarla, carece de facultad de cohesión. Varios centenares de páginas más adelante, cuando Vinteuil se ha convertido en una figura nacional y se habla de erigirle una estatua en el pueblo donde vivió una existencia tan miserable y oscura, se interpreta otra obra suya: un septeto póstumo. El protagonista escucha sumido en un universo desconocido y terrible, presenciando una ominosa alborada que tiñe de rojo el mar. De repente, sorprendiéndole a él y al lector, reaparece la pequeña frase de la sonata: apenas logra escucharla, suena distinta, pero sirve como orientación completa de que se halla de nuevo en el país de su infancia, con la conciencia de que pertenece a lo desconocido.

No estamos obligados a coincidir con las descripciones musicales de Proust —son demasiado pictóricas para mi gusto—, pero lo que tenemos que admirar es su empleo del ritmo en la literatura y su utilización de un elemento afín por naturaleza al efecto que ha de producir, a saber: una frase musical. Escuchada por varias personas —primero por Swann y luego por el protagonista—, la frase de Vinteuil no está atada a nada; no es una bandera como las que utiliza George Meredith: un cerezo de doble floración para acompañar a Clara Middleton o un yate anclado en aguas tranquilas para Cecilia Halkett. Una bandera puede solo reaparecer; pero el ritmo puede desarrollarse, y esta breve frase musical posee vida propia, es tan independiente de las vidas de sus oyentes como de la vida del hombre que la compuso. Casi es un personaje, pero no del todo, y con ese «no del todo» queremos decir que su poder se ha empleado para hilvanar el libro de Proust desde el interior, para prestarle belleza y para arrebatar la memoria al lector. Hay momentos en que la pequeña frase —desde su deprimente comienzo, pasando por la sonata y hasta el septeto— lo significa todo para el lector, y hay momentos en que no significa nada y se olvida. Esta es, a nuestro entender, la función del ritmo en la novela: no estar presente todo el tiempo —como la forma—, sino llenarnos de sorpresa, frescor y esperanza con sus hermosas apariciones y desapariciones.

Mal llevado, el ritmo resulta sumamente aburrido; se endurece, formando un símbolo, y en lugar de movernos con él, nos hace tropezar. Notamos exasperados que John, el *spaniel* —o lo que sea— de Galsworthy, está otra vez tendido a nuestros pies; incluso los cerezos y los yates de Meredith, aunque airosos, solo abren las ventanas hacia la poesía. Dudo que el ritmo puedan conseguirlo escritores que planean sus libros de antemano; tiene que nacer de un impulso momentáneo, producirse cuando se alcanza el intervalo correcto. Pero el efecto es exquisito; puede obtenerse sin mutilar a los personajes y mitiga nuestra necesidad de una forma exterior.

Baste esto en cuanto al ritmo fácil en la novela: puede definirse como repetición más variación e ilustrarse con ejemplos. Ahora, una cuestión más difícil. ¿Existe en la novela algún efecto comparable al de la *Quinta sinfonía* en su conjunto, en la que, cuando se detiene la orquesta, escuchamos algo que nunca se ha llegado a ejecutar? El movimiento inicial, el andante y el trío-scherzo-trío-finale-trío-finale que componen el tercer movimiento, todos invaden la mente al mismo tiempo y se extienden unos a otros formando una entidad común. Esta entidad común, este nuevo ser, es la sinfonía en su conjunto, y se ha logrado principalmente (aunque no del todo) gracias a la relación entre los tres grandes movimientos que la orquesta ha estado ejecutando. A esta relación la llamamos rítmica. Si el término musical apropiado es otro, no hace al caso; lo que tenemos que preguntarnos ahora es si existe alguna analogía de ello en la novela.

No hemos encontrado ninguna. Mas puede haberla, porque es probable que la ficción halle su paralelismo más próximo en la música.

La situación del drama es distinta. El teatro puede mirar hacia las artes plásticas y dejar que Aristóteles lo organice, pues no se halla tan directamente comprometido con las exigencias de los seres humanos. Los seres humanos tienen su gran oportunidad en la novela. Y le dicen al novelista: «Recréenos si quiere, pero tenemos que entrar»; y el problema del novelista, como ya hemos visto a lo largo del libro, consiste en hacerles pasar un mal rato y cumplir además otros objetivos. ¿Adónde acudirá? A buscar ayuda, no; desde luego. Buscará la analogía. La música, aunque no emplea seres humanos y está gobernada por intrincadas leyes, ofrece, en su expresión final, una forma de belleza que la ficción puede lograr a su modo. Expansión: esta es la idea a la que debe aferrarse el novelista. No conclusión. No rematar, sino extenderse. Cuando la sinfonía ha terminado, sentimos que las notas y los tonos que la componen se han liberado, que en el ritmo del conjunto encuentran su libertad individual. ¿No es posible lo mismo en la novela? ¿Hay algo de ello en *Guerra y paz*, el libro con que empezamos y con el que debemos terminar? ¡Un libro tan desordenado! Sin embargo, cuando lo leemos, ¿no empezamos a escuchar acordes musicales a nuestras espaldas? Y cuando lo hemos concluido, ¿no sentimos que cada elemento —incluso el catálogo de las estrategias— mantiene una existencia más larga de la que parecía posible en su momento?

IX. Conclusión

Resulta tentador concluir haciendo conjeturas sobre el futuro: la novela se tornará más o menos realista; será destruida por el cine... Pero las conjeturas, sean alegres o pesimistas, siempre tienen un aire superior; son una manera conveniente de parecer útiles e impresionantes. Y no tenemos derecho a permitírnoslo. Si nos hemos negado a dejarnos limitar por el pasado, no podemos beneficiarnos del futuro. Habíamos imaginado a los novelistas de los dos últimos siglos escribiendo juntos en una sala, sujetos a las mismas emociones y poniendo los accidentes de su época en el crisol de la inspiración, y sean cuales sean los resultados, nuestro método ha sido válido; al menos, para una reunión de pseudoeruditos, como somos. Ahora tenemos que imaginarnos a los novelistas de los próximos doscientos años escribiendo también en una sala. El cambio de temática será enorme, pero ellos no habrán cambiado. Dominaremos el átomo, aterrizaremos en la Luna, aboliremos o intensificaremos la guerra, comprenderemos los procesos mentales de las bestias; pero esto son bagatelas, esto pertenece a la Historia, no al arte. La Historia progresa; el arte permanece inmóvil.

El novelista del futuro tendrá que pasar todos esos nuevos hechos a través del viejo —aunque variable— mecanismo del espíritu creativo.

Hay, sin embargo, una cuestión que toca nuestro tema y que solo un psicólogo podría responder. Sin embargo, planteémosla. ¿Cambiará el propio proceso creativo? ¿Recibirá el espejo una nueva capa de azogue? En otras palabras: ¿puede cambiar la naturaleza humana? Consideremos esta posibilidad por un momento; nos podemos permitir esta distracción.

Resulta divertido escuchar las opiniones de la gente mayor sobre esta cuestión. A veces un hombre dice con tono convencido: «La naturaleza humana es la misma en todas las épocas. Llevamos todos muy dentro al primitivo cavernícola. ¿La civilización? ¡Bah! Es una simple máscara. Las cosas no se pueden cambiar». Así se expresa cuando se siente próspero y bien alimentado. Pero cuando se halla deprimido y preocupado por los jóvenes, o cuando se pone sentimental al ver que van a triunfar en la vida donde él ha fracasado, adoptará la opinión contraria y dirá misteriosamente: «La naturaleza humana ya no es la misma. He presenciado cambios fundamentales en mi propia época. Hay que afrontar las cosas como son». Y así sigue, día tras día, unas veces enfrentándose a las cosas y otras negándose a cambiarlas.

Lo único que vamos a hacer es dejar constancia de una posibilidad. Si la naturaleza humana cambia, será porque los individuos consiguen mirarse a sí mismos de un modo distinto. Aquí y allá hay gente —muy poca, pero algunos novelistas entre ellos— que trata de hacerlo. Todas las instituciones e intereses personales se oponen a esta búsqueda. La religión organizada, el Estado, la familia en su aspecto económico, no tienen nada que ganar, y solo avanza cuando las prohibiciones exteriores se debilitan: hasta tal punto está condicionada por la historia. Tal vez quienes lo intentan fracasen; quizá para el instrumento de observación sea imposible el contemplarse a sí mismo; tal vez, de ser posible, significa el fin de la literatura imaginativa (opinión que, si no nos equivocamos, sostiene ese perspicaz investigador que es I. A. Richards). De todos modos, por ese camino hay movimiento y combustión incluso para la novela, porque si el novelista se ve a sí mismo de un modo diferente, verá a sus personajes de una manera diferente y surgirá un nuevo sistema de iluminación.

Ignoro al borde de qué filosofía o filosofías rivales se adscriben las afirmaciones anteriores; pero volviendo la vista a los retazos de mi conocimiento y a mi propio corazón, veo estos dos movimientos del espíritu humano: la gran y aburrida avalancha que se conoce como Historia y un tímido movimiento lateral de cangrejo. De ninguno de los dos nos hemos ocupado en estas conferencias: de la Historia, porque se limita a transportar gente: no es más que un tren lleno de pasajeros, y del movimiento de cangrejo, porque es tan lento y cauto que no es perceptible en nuestro minúsculo período de doscientos años.

Por ello, al comenzar, establecimos como axioma que la naturaleza humana es inalterable y que produce en rápida sucesión ficciones escritas en prosa que, cuando contienen más de cincuenta mil palabras, se llaman novelas. Acaso si estuviéramos capacitados o autorizados para adoptar un enfoque más amplio y explorar toda la actividad humana y prehumana, no termináramos así; el movimiento de crustáceo, las sacudidas de los pasajeros, serían entonces visibles, y la frase «el progreso de la novela» dejaría de ser una muletilla pseudoerudita o una trivialidad técnica para cobrar importancia, porque implicaría el progreso de la humanidad.

Este libro se terminó de imprimir
en los talleres de Romanyà Valls,
en Capellades (Barcelona),
en enero de 2024